궁흘

IVP(InterVarsity Press)는
캠퍼스와 세상 속의 하나님 나라 운동을 지향하는
IVF(InterVarsity Christian Fellowship)의 출판부로
생각하는 그리스도인을 위한 문서 운동을 실천합니다.

Originally published by Doubleday
as *Compassion* by Henri Nouwen et al.
© 1983 by Henri Nouwen
Translated by permission of Doubleday,
a division of Random House, INC.
1540 Broadway, New York, New York 10036, U. S. A.
through Eric Yang Agency, Seoul

Korean Edition © 2002, 2021 by Korea InterVarsity Press
156-10 Dognggyo-Ro, Mapo-Gu, Seoul 04031, Republic of Korea

이 한국어판의 저작권은 에릭양 에이전시를 통하여
Random House Inc와 독점 계약한 IVP에 있습니다.
신 저작권법에 의하여 한국 내에서 보호받는 저작물이므로
무단 전재와 복제를 금합니다.

긍휼

헨리 나우웬 외 | 김성녀 옮김

lvp

이 책을 조엘 필라티가(Joel Filártiga)와 니디아(Nidia)
그리고 조엘리토(Joelito)에게 바친다.

긍휼의 사람인 조엘 필라티가는 파라과이의 의사이자
예술가로 이 책의 삽화들을 그려 주었다.
니디아는 그의 용기 있는 아내다.
조엘리토는 두 사람의 아들로서 열일곱 살 되던 해인
1976년 3월 30일에 경찰의 고문으로 사망하였다.

그러므로 그리스도 안에 무슨 권면이나 사랑의 무슨 위로나 성령의 무슨 교제나 긍휼이나 자비가 있거든 마음을 같이하여 같은 사랑을 가지고 뜻을 합하며 한마음을 품어 아무 일에든지 다툼이나 허영으로 하지 말고 오직 겸손한 마음으로 각각 자기보다 남을 낫게 여기고 각각 자기 일을 돌볼뿐더러 또한 각각 다른 사람들의 일을 돌보아 나의 기쁨을 충만하게 하라. 너희 안에 이 마음을 품으라. 곧 그리스도 예수의 마음이니

> 그는 근본 하나님의 본체시나
> 하나님과 동등됨을
> 취할 것으로 여기지 아니하시고
> 오히려 자기를 비워
> 종의 형체를 가지사
> 사람들과 같이 되셨고
> 사람의 모양으로 나타나사
> 자기를 낮추시고
> 죽기까지 복종하셨으니
> 곧 십자가에 죽으심이라.
> 이러므로 하나님이 그를 지극히 높여
> 모든 이름 위에 뛰어난
> 이름을 주사
> 하늘에 있는 자들과
> 땅에 있는 자들과 땅 아래에 있는 자들로
> 모든 무릎을 예수의 이름에 꿇게 하시고
> 모든 입으로
> 예수 그리스도를 주라 시인하여
> 하나님 아버지께 영광을 돌리게 하셨느니라. (빌 2:1-11)

차례

서문		11
감사의 글		15
서론		19
1부	**긍휼의 하나님**	29
1장	우리와 함께하시는 하나님	31
2장	종 되신 하나님	47
3장	순종하시는 하나님	65
2부	**긍휼의 삶**	85
4장	공동체	87
5장	이동	107
6장	함께함	129
3부	**긍휼의 길**	147
7장	인내	149
8장	기도	171
9장	행동	191
결론		213
에필로그		217
주		223

서문

이 책은 우리가 워싱턴시의 작은 그리스 식당에서 만났을 때 시작되었다. 그 텅 빈 지중해식 식당에 앉아 우리가 몸담고 있는 노터데임 대학교, 가톨릭 대학교, 예일 대학교에서 느끼는 개인주의와 영적인 메마름에 대한 불만을 토로하는 동안, 우리 셋은 냅킨에다가 무언가를 끄적거리고 있었다. 다른 많은 경우와는 달리, 이번에는 불평하는 것으로 끝내지 않았다. 오히려 우리는 미국의 수도 한복판에서 9주 동안 매주 목요일에 만나 함께 연구하고 기도하기로 했다. 우리들이 목회 신학을 가르치는 선생이고, 우리가 살고 있는 도시의 사람들은 엄청난 권력을 추구하고 석권하고 행사하고 있음을 생각할 때, 어떻게 하면 우리의 세계에서 긍휼의 삶을 살 수 있을까 하는 문제가 우리 모임에서 가장 긴급한 논제가 되었다.

여기에 나오는 긍휼에 대한 성찰은 그 아홉 번의 목요 모임을 통해 나온 것이다. 우리 사회에서 긍휼이 의미하는 바가 무엇인지를 다룬 최초의 내용은, 우리가 때때로 토론에 초빙했던 여러 사람들과의 대화에서 나온 것들이다. 그들 중에는 신학자이자 가톨릭 대학교 교수인 월터 부르크하르트(Walter Burkhart, S. J.), 종교 사회학자이자 펜들 힐에 있는 퀘이커 공동체 연구소 소장인 파커 팔머(Parker Palmer), 조지 워싱턴 대학교 의과 대학생 마이크 헤이슬러(Mike Heissler), 버몬트 출신의 상원의원 패트릭 레히(Patrick Leahy)와 그의 아내 마르셀(Marcelle), 미네소타 출신의 상원의원이었던 고(故) 허버트 험프리(Hubert Humphrey), '구제센터'와 '네트워크'라는 단체에서 사역하고 있는 베티 캐롤(Betty Carroll) 수녀와 캐롤 코스턴(Carol Coston) 수녀, 「소저너스」(Sojourners) 편집자인 짐 월리스(Jim Wallis)와 웨스 마이클슨(Wes Michaelson) 그리고 워싱턴시의 한복판에서 명상가로서 생활하고 사역하고 기도하는 '예수님의 자매회' 수녀들이 있다. 이들은 모두 상당 시간을 우리와 함께 보내면서 많은 아이디어, 제안, 경험을 제공해 주었다. 그것들은 이 책이 잘 자랄 수 있는 비옥한 토양이 되었다.

그 모임이 끝난 후 몇 년의 세월이 흘렀다. 그 세월은 우리가 원래 가지고 있던 생각들을 시험해 보고 재구성하고 재평가하는 기간이었다. 이제 우리는 우리의 생각을 글로 출판해도 괜

찾겠다는 확신을 갖게 되었다. 앞에서 언급한 이 '초창기의 개척자들'에게 심심한 감사를 전한다. 그들이 없었다면 이 책은 절대로 쓰일 수 없었으리라. 미국을 맨 처음에 개척한 이들이 오늘날 미국을 본다면 자신들이 일구어 놓은 바를 발견하기 어려운 것처럼, 우리의 친구들도 이 책에서 그들이 제공했던 통찰을 구별해 내기가 어려울 수도 있겠다. 하지만 분명 그들의 통찰은 이 책에 들어 있으며, 이 책의 중심을 이루고 있다.

우리는 파라과이의 의사인 조엘 필라티가에게 깊은 감사의 마음을 전하고 싶다. 그가 겪은 비극에서 우러나온 강렬한 그림들은 우리의 경험과 말을 훨씬 능가하는 차원의 의미를 이 책에 부여해 주었다. 에필로그에서 말하겠지만, 조엘의 사연은 그의 그림이 왜 이 책에서 빠질 수 없는 부분이 되는지를 설명해 준다.

감사의 글

이 책이 비록 우리 세 사람의 작업으로 계획되었다고는 하나, 현재의 최종적인 형태를 갖추는 데는 여러 사람들의 제안과 논평, 비판과 공헌이 있었다. 그들은 우리의 공동 작업을 여러모로 격려해 주었다.

우리의 원고를 비판적으로 읽어 주거나 이 원고를 수업 시간에 활용함으로써, 우리가 이 책을 고쳐 쓰는 데 도움을 준 모든 이에게 감사를 전한다. 바로 다음의 사람들이 그런 도움을 주었다. 밥 안토넬리(Bob Antonelli), 주디스 앤 비티(Judith Anne Beattie), 제인 보비에(Jane Bouvier), 스티븐 크리바리(Steven Cribari), 아그네스 맥닐 도너휴(Agnes McNeill Donohue), 제임스 듀에인(James Duane), 제임스 피(James Fee), 조지 피츠제럴드(George Fitzgerald), 스테이시 헤네시(Stacy Hennesy), 조지 헌싱어(George Hunsinger), 벤 헌트(Ben Hunt), 켄 제임슨(Ken Jameson)과 페니 제임슨(Penny Jameson) 부부, 마크 재누스(Mark Janus), 제이 케니(Jay Kenney), 캐롤 놀(Carol Knoll), 메리 메그 맥카시(Mary Meg McCarthy), 케이 맥닐(Kay McNeill)과 돈 맥닐(Don McNeill) 부부, 멜라니 모리슨(Melanie Morrison), 클로드 포멀로(Claude Pomerleau), 존 로어크(John Roark), 짐 로머(Jim Roemer)와 메리 앤 로머(Mary Ann Roemer) 부부, 루이스 테르 스티그(Louis ter Steeg), 나오미 버튼 스톤(Naomi Burton Stone), 레그 위저트(Reg Weissert)와 랄프 위저트(Ralph Weissert) 부부, 비비안 화이트헤드(Vivian Whitehead), 콜린 윌리엄스(Colin Williams) 그리고 그레고리 영차일드(Gregory Youngchild).

우리는 또한 피에트 반 르우윈(Piet van Leeuwen)과 마크 페도르(Mark Fedor)가 베풀어 준 사무 관련 협조에도 감사드린다. 로버트 무어(Robert Moore), 조셉 뉴네즈(Joseph Núñez), 리처드 샤퍼(Richard Schaper) 그리고 미크 지먼(Mich Zeman)에게도 이 책의 마지막 단계에서 편집 일에 협력해 준 데 대해 감사드린다.

지난 5년 동안 인내하며 우리를 격려해 준 더블데이 출판사의 로버트 헬러(Robert Heller)에게도 심심한 감사를 전하고자 한다.

마지막으로, 존 모가브가브(John Mogabgab)에게 특별한 감사를 표하고 싶다. 그는 우리가 이 책을 작업할 때 많은 부분을 조정해 주었으며, 이 책의 내용과 형태에도 중요한 공헌을 했다.

헨리 나우웬
도널드 맥닐
더글러스 모리슨

서론

일반적으로 **긍휼**이라는 단어는 긍정적인 느낌을 준다. 우리는 스스로를 긍휼 어린 사람, 그러니까 기본적으로 선하고 온화하며 이해심 있는 사람으로 생각하고 싶어 한다. 대체로 긍휼을 인간의 고통에 대한 자연스런 반응이라고 전제하는 것이다. 가난한 노인이나 굶주린 어린아이, 혹은 전신이 마비된 군인이나 겁에 질린 여자아이를 보고 긍휼을 느끼지 않을 사람이 어디 있겠는가? 명백한 인간의 속성 중에서 긍휼을 제외시킨다는 것은 상상조차 할 수 없는 일인 것 같다. 누군가가 우리에게 긍휼이 없다고 비난한다면 우리는 마음 깊이 상처를 받지 않겠는가? 사실 우리는 인간답다는 것과 긍휼이 많다는 것을 즉각 동일시한다. 긍휼 없는 인간이란 인간 아닌 인간만큼이나 생각할 수도 없는 존재라고 여긴다.

하지만 인간답다는 것과 긍휼이 많다는 것이 동일하다면, 왜 인류는 갈등과 전쟁, 미움과 억압으로 찢겨 있는가? 그리고 왜 우리들 가운데는 기아와 추위 때문에, 혹은 쉼터가 없어서 고생하는 사람들이 그렇게도 많단 말인가? 또 왜 우리는 인종적, 성적 혹은 종교적 차이로 인해서 서로에게 다가가지 못하고 공동체를 형성하지 못하는가? 왜 수백만의 사람들이 소외와 분열 혹은 외로움에 시달리고 있단 말인가? 왜 우리는 서로 상처 주고 괴롭히고 죽인단 말인가? 세상은 왜 이리도 혼란스럽단 말인가?

이런 질문들을 생각할 때, 우리가 긍휼을 어떻게 이해하고 있는지에 대해 좀더 진지하게 살펴볼 필요가 있다. 긍휼을 뜻하는 영어 단어(compassion)는 라틴어 '파티'(*pati*)와 '쿰'(*cum*)에서 파생된 말이다. 이 두 단어를 합치면 '함께 고통받다'라는 의미가 된다. 긍휼은 우리에게 상처가 있는 곳으로 가라고, 고통이 있는 장소로 들어가라고, 깨어진 아픔과 두려움, 혼돈과 고뇌를 함께 나누라고 촉구한다. 긍휼은 우리에게 비참한 상태에 있는 사람들과 함께 울부짖고, 외로운 사람들과 함께 슬퍼하며, 눈물 흘리는 자들과 함께 울라고 도전한다. 긍휼은 우리에게 연약한 사람들과 함께 연약해지고, 상처 입기 쉬운 자들과 함께 상처 입기 쉬운 자가 되며, 힘없는 자들과 함께 힘없는 자가 될 것을 요구한다. 긍휼이란, 인간됨이라는 상황 속에 푹

잠기는 것을 의미한다. 이런 의미에서 긍휼을 바라보노라면, 긍휼에는 평범한 친절이나 부드러운 마음씨 이상의 것이 관련되어 있음을 분명히 알게 된다. 상대방과 함께 고통받는다는 의미로 긍휼을 이해하면, 때로 우리 마음 깊은 곳에서 거부감 내지 심하게는 저항감마저 드는 것이 사실이다. 이것은 놀랄 일도 아니다. 우리는 이렇게 말하고 싶어진다. "이건 자기에게 스스로 매질을 하는 겁니다. 피학대증이자, 고통에 대한 병적인 관심이죠. 그건 병적인 욕구라고요." 중요한 것은, 이런 저항감을 인정하고, 고통이란 우리가 절대로 바라지도 않고 마음이 끌리지도 않는 대상임을 인식하는 것이다. 오히려 우리는 무슨 수를 써서라도 고통을 피하고 싶어 한다. 그러므로 긍휼은 우리의 자연스러운 반응이 아니다. 우리는 고통을 회피하는 자들이며, 고통에 마음이 끌리는 사람은 누구나 비정상, 아니면 최소한 평범하지 않은 사람이라고 생각한다.

이렇게 긍휼이란 우리가 처음에 생각했던 것처럼 자연스러운 현상이 아니다. 그러므로 우리는 긍휼 어린 사회란 병적인 사회라고 주저없이 말하는 사람들에 대해서도 그리 놀랄 필요가 없다. 페러그린 워손(Peregrine Worsthorne)은 그의 글에서 이런 '긍휼 없는' 관점을 다음과 같이 드러내고 있다.

진정으로 긍휼 어린 사회 곧 불행한 자들의 입장에 서서 생각하는 이상을 실현한 사회는, 그 사회 자체가 결국 개인의 자유를 해치는 집단적 해결책을 추구하는 방향으로 행진해 가고 있음을 깨닫게 될 것이다.…자신을 고통의 세계와 정말로 동일시하기 시작한 사람들은 아주 엄청나게 위험한 사람들이다.…건강한 사회라면 절대로 불행한 사람들의 시각에서 세상을 보지 말아야 한다. 불행한 사람들은 인류 문명의 지고의 가치인 개인의 자유를 개척하는 것은 고사하고, 그것을 인식하는 데도 별 관심이 없기 때문이다. 자유를 잘 활용하는 데 실패한 사람들―그렇게 된 이유가 운명 때문이든 환경 때문이든 간에―은 대체로 최고로 매력적인 이상(개인의 자유―역주)에 가장 끌리지 않는 사람들일 뿐만 아니라, 그 이상을 훼손시키려는 온갖 유혹에 가장 쉽게 빠지는 부류가 되기 십상이다.[1]

너무 심하게 들릴지 모르겠지만, 사실은 이 말이야말로 우리가 인정하고 싶지 않은 우리의 삶과 행동 방식을 더 잘 대변하고 있는지도 모른다. 우리는 페러그린만큼 열렬하게 개인의 자유라는 이름으로 긍휼을 거부하지는 않을지 모르지만, 긍휼이 인간 동기의 핵심이 될 수도 없고 되어서도 안 된다는 그의 기본적인 확신에 근접해 있는 것은 사실이다. 우리의 일상적인 관심사 전체에서 긍휼이 차지하는 자리를 표시해 본다면, 잘해 봤자 우리의 생각과 행동의 맨 가장자리 정도일 것이다. 페러그린 워슨과 마찬가지로, 우리도 긍휼이 지배하는 세상에 대해서는 회의적인 것이다. 긍휼 어린 세상이라는 개념은 순진하고 낭만적인 생각, 최소한 비현실적인 생각이라고 여긴다. 만일 중요한 사안들이 진정으로 긍휼 어린 사람들의 손에서 결정된다면, 우리의 문명은 생존하지 못할 것임을 우리는 너무나 잘 '알고' 있다. 꿈속 세상에서 살지 않고 인생의 엄연한 사실들을 두 눈 똑바로 뜨고 바라보는 사람들은, 긍휼이란 기껏해야 이 경쟁적인 생존 세계의 작은 부속품 정도라고 여긴다.

정신이 번쩍 나게 하는 바로 이 생각이 이 책을 쓰던 초기에 가장 강력하게 우리의 급소를 찔렀다. 언젠가 우리 세 사람이 지금은 작고한 상원의원 허버트 험프리를 방문한 적이 있다. 정치와 관련해서 긍휼에 대해 묻고 싶었기 때문이다. 굳이 그에게 간 이유는, 그래도 그가 정치 방면에서는 가장 남을 생각하는 사람들 중의 하나라고 생각했기 때문이다. 방글라데시 대사와 방금 대화를 마친 그는 분명 우리가 무슨 불평이나 요구 사항 아니면 아첨의 말을 할 것으로 예상했다. 하지만 정치계에서 긍휼에 대해 어떻게 생각하느냐는 질문을 받자, 그는 우리가 알아챌 정도로 확연하게 긴장을 풀었다. 그는 본능적으로 커다란 마호가니 책상에서 일어나더니(그 책상에는 방문자들에게, 지금 그들이 대화하고 있는 상대가 바로 과거 미국의 부통령이었다는 사실을 상기시켜 주는 기장이 걸려 있었다), 우리가 앉아 있는 작은 커

피 테이블로 와서 앉았다. 그러고는 약간 평범치 않은 이 상황에 좀 적응이 되자 다시 자기 책상으로 돌아가더니, 끝에 작은 지우개가 달린 기다란 연필을 하나 집어들었다. 그리고 잘 알려진 높은 어조로 이렇게 말했다. "신사 여러분, 이 연필을 좀 보세요. 이 연필에서 지우개는 극히 일부분을 차지하고 있지요. 이 지우개는 실수를 했을 때만 사용됩니다. 마찬가지로, 긍휼도 일이 제대로 되지 않았을 때만 필요하답니다. 인생의 주된 부분은 경쟁입니다. 긍휼은 그저 지우개일 뿐이지요. 신사 여러분께 이렇게까지 말하고 싶지는 않지만, 정치 세계에서 긍휼은 단지 경쟁의 일부일 따름입니다."

긍휼은 인생에서의 실수를 지워 준다. 연필 끝에 달린 지우개가 종이 위의 실수를 지워 주듯이 말이다. 우리 자신을 솔직하게 들여다볼 때, 우리들 대부분은 진정으로 이렇게 느끼고 생각한다. 긍휼은 우리의 인생에서 중심되는 관심사도 아니고, 우선적인 태도도 아니다. 우리가 진정으로 바라는 것은 인생에서 성공하는 것, 앞서는 것, 첫째가 되는 것, 남과 다른 것이다. 인생에서 우리는 다른 사람들과 안전 거리를 유지할 수 있는 자신만의 영역을 잘 확보함으로써, 자신만의 정체성을 만들어 내고 싶어 한다. 우리는 다른 사람과 함께 고생하는 것을 굳이 바라지 않는다. 오히려 우리는 고통에서 멀어질 수 있는 온갖 방법과 기술을 개발한다. 병원이나 영안실은 종종 병자나 죽은 자를 숨기는 장소가 되곤 한다. 고통이 혐오스럽거나 역겨울 정도는 아니라 할지라도, 어쨌든 고통에는 마음이 끌리지 않는다. 고통은 가능한 한 맞닥뜨리지 않을수록 좋은 것이다. 이것이야말로 우리의 기본적인 태도이며, 이런 맥락에서 볼 때 긍휼이란 길고 단단한 연필 끝에 매달려 있는 작고 부드러운 지우개일 뿐이다. 그렇게 보면 긍휼이 많다는 것은, 경쟁에서 상처 입은 사람들에게 친절하고 부드럽게 대하는 것을 의미한다. 갱 속에 갇힌 광부에게 우리는 긍휼을 느낀다. 시험이 주는 중압감 때문에 감정이 폭발해 버린 수험생에게 우리는 긍휼을 느낀다. 아기에게 줄 충분한 음식과 옷이 없어 영세민 보조금을 받아 살아가는 엄마에게 우리는 긍휼을 느낀다. 대도시의 익명성 가운데 홀로 죽어 가는 노인에게 우리는 긍휼을 느낀다. 하지만 우리의 중심적인 준거틀은 여전히 경쟁이다. 어쨌든 우리에게는 석탄도 지식인도 다 필요하고, 어떤 체제든지 다 한계는 있게 마련 아닌가!

이리하여 우리가 처음에는 당연한 인간의 덕성으로 여겼던 것이, 사실은 생각만큼 그렇지 않다는 것이 판명되었다. 그렇다면 과연 우리가 서 있는 자리는 어디쯤이란 말인가? 우리의 삶에서 긍휼이 차지하는 이 모호한 위치야말로 우리가 이 책을 쓰는 이유이자 논의의 출발점이다. 우리는 자신이 긍휼의 사람이라기보다는 경쟁적인 사람이라는 사실을 인정하면서, '회의 주의라는 손쉬운 처방'을 써서 이 조건을 최대한 선용하도록 노력해야 하는가? 그러니 가능한 한 서로 상처 주지 않고 살도록 노력하자는 말이 최선의 충고인가? 우리의 가장 위대한 이상은 최소한의 고통으로 최대한의 만족을 누리는 것인가?

이런 질문들에 대해서 이 책은 단호히 '아니다'라고 말한다. 아울러 우리의 삶에서 긍휼이 차지하는 위치를 제대로 이해하기 위해서는, 이 문제를 완전히 다른 방향에서 보아야 한다고 제안한다. 여기서 우리가 제시하는 시각은 다음과 같은 예수님의 말씀에 기초한 것이다. "너희 아버지의 자비로우심같이 너희도 자비로운 자가 되라"(눅 6:36). 또한 우리의 시각은, 긍휼을 통해 우리의 인간성이 충만한 데 이르도록 자란다는 깊은 확신에 기초한 것이다. 이 말을 가벼이 여겨선 안 된다. 이 말은 수년에 걸친 토의와 저작 그리고 많은—때로는 고통스럽기까지 한—경험에서 나온 말이기 때문이다. 우리에게도 이 일을 포기하고 좀더 쉬운 주제를 다루고 싶은 유혹의 순간들이 있었다. 그러나 우리는 이런 유혹에 부딪힐 때마다, 우리가 그리스도께 헌신하는 삶의 가치를 의심하고 있음을 깨닫게 되었다. 긍휼을 향한 부르심이야말로 그리스도인의 삶의 중심이라는 사실이 서서히 드러남에 따라, 이 부르심을 무시하려던—심지어는 책을 쓰는 일에서도—생각은 바로 우리의 믿음이 던지는 근본적인 도전을 직시하지 않으려는 태도임을 알게 되었다.

우리는 협동 작업의 첫 단계로서, 모든 사람은 긍휼을 베풀고자 하는 타고난 열망이 있다는 가정하에서 예수 그리스도의 생애와 사역, 활동에 대해 논의하였다. 그러나 논의를 시작한 이후로 우리의 낙관주의는 점점 수그러들었고 희망스럽게도 우리는 점점 현실적이 되어 갔다. 국가적, 국제적 사건들과 성경에 대한 심도 있는 연구 그리고 친구들이 우리에게 던진 많은 비판적인 반응들을 통해, 우리는 '긍휼을 베풀고자 하는 인간의 경향'에 대해 점점 확신이 없어지면서, "너희 아버지의 자비로우심같이 너희도 자비로운 자가 되라"는 예수님의 명령의 급진성을 더욱 절감하게 되었다. 이 명령은 우리가 원하긴 했으나 잊어버린 그 무엇, 우리의 타고난 열망과 일치하는 어떤 개념을 재천명한 것이 아니다. 오히려 이 명령은 우리의 성미와는 맞지 않는 것을 하라는 부르심이다. 우리를 완전히 바꾸고, 마음과 지성의 총체적인 회심을 요구하는 부르심인 것이다. 이것은 진정으로 급진적이고 근본적인 부르심, 즉 우리 삶의 뿌리까지 깊숙이 도전하는 부르심이다.

긍휼을 베풀라는 그리스도의 부르심의 근본적 속성을 점점 더 인식하면서, 그러한 인식이 바로 이 책을 구성하는 근간이 되었다. 무엇보다 먼저 우리는 예수 그리스도 안에서 계시된 긍휼의 하나님에 대해 말하고자 한다. 왜냐하면 하나님의 긍휼이야말로 우리의 긍휼의 기초이자 근원을 형성하기 때문이다. 둘째로, 우리는 그리스도의 추종자로서 긍휼의 삶을 산다는 것이 무엇을 의미하는지 탐구하고자 한다. 왜냐하면 오로지 제자도를 통해서만, 아버지의 자비로우심과 같이 자비로운 자가 되라는 부르심을 이해할 수 있기 때문이다. 마지막으로, 우리는 기도와 행동으로 긍휼을 베푸는 방법을 논의하고자 한다. 왜냐하면 우리와 하나님의 관계, 우리와 동료 인간들의 관계를 인도하는 이러한 훈련을 통해 하나님의 긍휼이 드러날 수 있기 때문이다. 이 책을 읽는 이들―삶에서 그들 각자의 구체적인 직업적 소명이 무엇이든―이 긍휼 없는 이 세상의 한가운데서 긍휼 어린 하나님의 임재를 더욱 깊이 인식하게 된다면, 그보다 더 감사한 일은 없으리라.

1부

긍휼의 하나님

1장
우리와 함께하시는 하나님

결속

하나님은 긍휼의 하나님이시다. 이 말의 의미는 무엇보다도, 하나님은 우리와 함께하기로 선택하신 분이라는 것이다. 이 거룩한 결속 의지를 좀더 잘 알고 느끼기 위해서, 우리와 진심으로 함께해 준 사람에 대한 경험을 생각해 보자.

어떤 때 우리는 진정한 위로와 위안을 받는가? 누군가가 우리에게 어떻게 생각해야 하는지 혹은 어떻게 행동해야 하는지를 가르쳐 줄 때인가? 우리가 어디로 가야 하는지, 무엇을 해야 하는지에 대해서 조언을 받을 때인가? 아니면, 확신과 희망의 말을 들을 때인가? 때로는 그럴 수도 있겠다. 하지만 정말로 중요한 것은, 고통과 고난의 순간에 누군가가 우리와 함께 있어 주는 것이다. 어떤 구체적인 행동이나 충고의 말보다도 더 중요한 것은, 우리에게 관심을 가지는 누군가가 우리와 함께 있어 주는 것이다. 위기의 와중에 누군가가 "내가 무슨 말을 해야 할지, 어떻게 행동해야 할지는 잘 모르겠어. 하지만 내가 네 곁에 있다는 것 그리고 절대로 너를 혼자 내버려두지 않겠다는 것만큼은 알아주었으면 좋겠어"라고 말해 줄 때, 우리는 진정한 친구, 우리에게 위로와 위안을 줄 수 있는 친구를 만난 것이다. 사람들을 변화시키기 위해서, 즉 사람들의 행동에 영향을 끼치고, 그들이 새로운 것을 행하며 새로운 사고 방식으로 생각하도록 하기 위해서 고안된 방법과 기술이 난무하는 시대에, 우리는 함께 있어 주는 것이라는 단순하지만 어려운 선물을 잃어버리고 말았다. 우리가 이 선물을 잃어버린 이유는, 누군가와 함께 있는 일에 유용성이 있어야 한다고 생각하기 때문이다. 우리는 이렇게 말한다. "왜 제가 이 사람들을 방문해야 하죠? 어차피 제가 할 수 있는 일이란 아무것도 없는데 말이에요. 할 말도 없다고요. 도대체 제가 무슨 소용이 있단 말입니까?" 하지만 종종 우리는 정말 중요한 사실을 잊는다. 이렇게 '무익하고' 젠체하지 않고 겸손하게 서로 함께 있어 주는 가운데 우리가 진정으로 위로와 위안을 느낀다는 사실을 말이다. 누군가와 그저 함께 있어 준다는 것은 어려운 일이다. 그 일은 우리에게 상대방과 동일하게 상처받기 쉬운 상황으로 들어갈 것을 요구하기 때문이다. 그 사람과 함께 유약함 혹은 무력함을 경험하는 장소로 들어가기를 요구하기 때문이다. 불확실성

속에 들어가 통제와 자기 결정권을 포기할 것을 요구하기 때문이다. 하지만 이런 상황이 될 때마다 우리에게는 새로운 힘과 새로운 소망이 용솟음친다. 우리가 몸이 아플 때나 고민에 싸여 있을 때 혹은 영적인 암흑기에 우리와 함께 있어 줌으로써 위로와 위안을 준 사람들은 종종 혈육보다도 더 가까워지는 경우가 있다. 그들은 우리의 삶 속에 있는 어두컴컴한 미지의 공간에 기꺼이 들어와 줌으로써 그들의 결속 의지를 우리에게 보여 준다. 이렇게 해서, 그들은 우리에게 새로운 소망을 가져다 주고 우리가 새로운 방향을 찾을 수 있도록 도와주는 사람이 된다.

그러나 이러한 생각은 우리와 함께하시는 하나님, 우리에게 오셔서 우리와 삶을 공유하시는 하나님이라는 말이 의미하는 바를 얼핏 보여 줄 뿐이다. 이 말은 하나님이 우리의 문제를 전부 해결해 주신다거나, 혼돈스러운 상황에서 우리에게 길을 보여 주신다거나, 혹은 우리가 품고 있는 많은 의문들에 대한 해답을 제시하신다는 의미가 아니다. 물론 하나님이 이 모든 일을 하실 수도 있지만, 하나님의 결속 의지란 그분이 기꺼이 우리의 문제와 혼돈과 의문 속으로 들어오고자 하신다는 사실에 있다.

이것이야말로 하나님이 인간의 육체를 입으셨다는 좋은 소식이다. 전도자 마태는 예수님의 탄생을 묘사한 후에 이렇게 적고 있다. "이 모든 일이 된 것은 주께서 선지자로 하신 말씀을 이루려 하심이니 이르시되 '보라, 처녀가 잉태하여 아들을 낳을 것이요 그 이름은 임마누엘이라 하리라' 하셨으니 이를 번역한즉 하나님이 우리와 함께 계시다 함이라"(마 1:22-23).

우리가 하나님을 '우리와 함께하시는 하나님'이라고 부르는 순간부터, 우리는 하나님과 새로운 차원의 친밀한 관계에 들어간다. 하나님을 임마누엘이라고 부를 때 우리는 그분이 우리를 위해 자신을 헌신하셨다는 사실을 인식하게 된다. 우리와 결속되어 함께 살기 위해, 우리의 기쁨과 고통을 함께 나누기 위해, 우리를 변호하고 보호하기 위해, 그리고 우리와 함께 삶의 모든 것들을 겪기 위해서 헌신하셨다는 사실을 말이다. 우리와 함께 하시는 하나님은 친밀한 하나님이며, 우리가 우리의 피난처요 우리의 요새요 우리의 지혜라고 부를 수 있는 하나님이다. 그리고 좀더 친밀하게 표현한다면 우리를 돕는 분이시요 우리의 목자시며 우리의 사랑이시라고 부를 수 있는 하나님이다. 우리가 하나님이 "우리 가운데 거하[셨다]"(요 1:14)는 사실을 온 맘과 뜻을 다해 이해하지 못한다면, 우리는 하나님이 긍휼의 하나님이심을 결코 제대로 알 수 없다.

때로 우리는 서로에게 이렇게 쏘아붙인다. "당신은 자신이 무슨 말을 하고 있는지도 모르는군요. 당신은 저항의 행렬에서 본 적도 없고, 파업에 동참하지도 않았으며, 방관자들의 미움을 받은 적도 없잖아요. 또 당신은 굶어 보지도 않았고, 추위가 무엇인지도 모르며, 정말로 소외되었다고 느껴 본 적도 없지 않습니까?" 이런 말을 할 때 우리는 사실 다음과 같은 깊은 확신을 표현하고 있는 것이다. 우리에게 해 주는 위로의 말이 진정 우리가 처해 있는 혹은 처해 있었던 상황에 함께 있음으로써 생긴 결속감에서 나오는 말일 때에만 우리는 그 말을 들으려 한다는 것 말이다. 하나님은 우리의 상황을 충분히 알고 싶어 하시며, 자신이 직접 충분히 맛보지 않은 고통을 없애 버리기를 원하지 않으신다. 그분의 긍휼하심은 가장 친밀한 결속 안에 닻을 내리고 있다. 그 결속 때문에 우리는 시편 기자처럼 이렇게 말할 수 있는 것이다. "그는 우리의 하나님이시요 우리는 그가 기르시는 백성이며 그의 손이 돌보시는 양[이다]"(시 95:7).

뱃속에서 우러나는 긍휼

시편 말씀이 단순히 듣기 좋은 생각 이상이라는 것을 어떻게 알 수 있겠는가? 하나님은 바로 우리의 하나님이시며, 이방인이나 방관자 혹은 지나가는 행인이 아니시라는 것을 어떻게 알 수 있겠는가?

우리는 이 사실을 알 수 있다. 왜냐하면 예수님 안에서 하나님의 긍휼이 우리 눈에 보이게 임했기 때문이다. 예수님은 "너희 아버지의 자비로우심같이 너희도 자비로운 자가 되라"고 말씀하셨을 뿐만 아니라, 그분 자신이 세상 속에서 이런 거룩한 긍휼을 구체적으로 체현하셨다. 무지한 자들, 배고픈 자들, 눈먼 자들, 문둥병자들, 과부들 그리고 나름의 고통을 안고 예수님께 나아온 모든 사람을 향한 예수님의 태도는 바로 이 거룩한 긍휼에서 흘러나온 것이었다. 이 긍휼로 인해 하나님은 우리 중 하나가 되셨다. 만일 이 거룩한 긍휼의 신비에 대해 조금이나마 알고 싶다면, 우리는 예수님의 말과 행동을 자세히 살펴보아야 한다. 만일 우리가 병든 자들, 고통받는 자들이 금방 고통에서 벗어나게 되었다는 사실에서만 감동을 느낀다면, 우리는 복음서에 나오는 많은 기적 이야기의 진의를 오해할 수 있다. 정말 이런 사건들이 복음서의 중심 내용이라면, 냉소주의자는, 예수님 당시에는 고침받지 **못한** 사람들이 대다수였으며, 고침받은 사람들 때문에 고침받지 못한 사람들만 더 비참해졌다고 바르게 지적할 것이다. 여기서 중요한 것은 병자들이 고침받은 사실 자체가 아니라, 그런 치유가 일어나도록 예수님의 마음을 움직인 깊은 긍휼이다.

복음서에는 예수님이나 하나님 아버지에 대해 말할 때만 배타적으로 쓰인 아름다운 표현이 딱 열두 번 나오는데, 그것은 바로 '긍휼로 마음이 움직여서'라는 표현이다. '스플랑크니조마이'(splangchnizomai)라는 헬라어 동사는 이 표현이 얼마나 심오하고 강력한 것인지를 보여 준다. '스플랑크나'(splangchna)는 몸의 내장, 오늘날 우리가 하는 말로 '뱃속'(gut)을 가리킨다. 이곳은 가장 친밀하고도 강렬한 감정이 자리 잡고 있는 곳이다. 이곳은 강렬한 사랑과 강렬한 미움이 커 가는 중심 장소이다. 복음서가 예수님의 긍휼에 대해 말하면서 그분의 뱃속(내장)이 움직였다고 표현할 때는 무언가 아주 깊고 신비스러운 것을 표현하고 있는 것이다. 예수님이 느끼신 긍휼은 피상적이거나 스쳐 지나가듯이 느끼는 슬픔 혹은 동정과는 사뭇 다른 것이었다. 오히려 그 긍휼은 예수님의 존재의 가장 여린 부분에까지 다다른 것이었다. 긍휼에 해당하는 히브리어는 '라카밈'(rachamim)인데, 이것은 야웨의 자궁을 일컫는 말이다. 예수님의 긍휼이 어찌나 깊고 중심적이며 강력한 감정인지, 하나님의 자궁이 움직인다는 식으로밖에는 표현이 안 되는 것이다. 바로 여기에 하나님의 모든 온유와 친절이 숨어 있으며, 바로 여기서 하나님은 아버지이자 어머니이고, 형제이자 자매이며, 아들이자 딸이 되신다. 바로 여기서 모든 감정과 정서와 열정이 거룩한 사랑 안에서 하나가 된다. 예수님의 마음이 긍휼로 움직일 때, 모든 삶의 근원이 떨리고 모든 사랑의 근거가 활짝 열리며, 거대하고 마르지 않고 다함이 없는 하나님의 온유하심이 드러난다.

신약성경에 나오는 치유 이야기들을 통해 우리는 긍휼을 눈으로 보게 되는데, 이것이야말로 하나님의 긍휼하심의 신비이다. 예수님은 무리가 목자 없는 양과 같이 유리 방황하는 것을 보시고, 자신의 존재 중심으로부터 그들과 한가지로 느끼셨다(마 9:36). 예수님은 눈먼 자들, 중풍병자들, 귀먹은 자들이 사방에서 자신에게로 오는 것을 보시고는, 내면 깊은 곳에서부터 떠셨고, 마음으로 그들의 고통을 함께 겪으셨다(마 14:14). 며칠 동안 예수님을 따라다니던 수천 명이 지치고 배고픈 것을 보시자, 예수님은 무리를 불쌍히 여기노라고 말씀하셨다(막 8:2). 예수님을 부르며 따라갔던 맹인 두 명에 대해서도(마 9:27), 예수님 앞에 나와서 무릎을 꿇었던 나병 환자에 대해서도(막 1:41) 그리고 외아들을 장사지내던 나인성의 과부에 대해서도(눅 7:13) 불쌍히 여기셨다. 그들은 예수님의 마음을 움직였으며, 예수님은 친밀한 감성으로 그들의 슬픔의 깊이를 느끼셨다. 그분은 상실감에 젖은 자들과 함께 상실감을 느끼셨고, 배고픈 자들과 함께 배고파하셨으며, 아픈 자들과 함께 아파하셨다. 예수님은 완벽한 감성으로써 모든 고통을 감지하셨다. 이 사실 안에서 드러나는 엄청난 신비는, 하나님의 죄 없는 아들이신 예수님이 전적으로 자유로운 선택으로 우리의 고통을 온전히 겪기로 하셨으며 그리하여 우리로 하여금 우리 고난의 진정한 본질을 발견하게 하셨다는 것이다. 예수님 안에서 우리는 진정한 인간됨이 무엇인지 보고 경험한다. 거룩하신 그분은 우리의 깨어진 인간성을 그대로 살아 내시되, 저주(창 3:14-19)로서가 아니라 축복으로서 살아 내셨다. 그분의 거룩한 긍휼 덕분에 우리는 죄된 자아에 직면할 수 있게 되었다. 그 긍휼이 우리의 깨어진 인간 조건을 절망의 원인에서 희망의 근원으로 변화시키기 때문이다.

예수 그리스도야말로 우리와 함께하시는 하나님의 결속 의지를 드러낸다고 말하는 것은 바로 이런 의미에서다. 예수 그리스도 안에서 예수 그리스도를 통하여, 우리는 하나님이 진정 우리의 하나님이시며, 그분은 우리의 상함을 경험하시고 우리를 대신하여 죄가 되셨음(고후 5:21)을 안다. 그분은 인간의 모든 것을 긍휼에서 비롯되는 무한한 온유로 감싸 안으신다.

새로운 삶을 향하여

그렇다면 저주는 어떻게 되는 것인가? 눈먼 자는 보게 되었으며, 나병 환자는 깨끗해졌고, 중풍병자는 다시 걷게 되었으며, 나인성의 과부는 자기 아들이 다시 살아난 것을 보지 않았던가? 이것이 정말 중요한 것 아닌가? 이것이야말로 하나님이 정말로 하나님이시며 우리를 진정으로 사랑하신다는 증거가 아니겠는가? 여기서 우리는 실용주의를 정말 조심해야겠다. 예수님의 치유는 그분의 긍휼에서 비롯된 것이지, 무엇을 증명하거나 감동을 주거나 설득하기 위한 것이 아니다. 예수님의 치유는 그분이 우리 하나님이시라는 것의 자연스러운 표현이다. 하나님의 사랑의 신비는 그분이 우리의 고통을 없애 주신다는 것이 아니라, 그분이 무엇보다도 우리와 함께 고통을 나누기 원하신다는 것이다. 이러한 거룩한 결속 의지로부터 새로운 삶이 나온다. 인간의 고통에 대해서 예수님이 존재의 중심으로부터 마음이 움직이신다는 것, 이것이야말로 새로운 삶을 향한 움직임이다. 하나님은 우리의 하나님, 즉 산 자의 하나님이시다. 그분의 거룩한 자궁 안에서 생명은 항상 다시 태어난다. 진정 위대한 신비는 치유가 아니라, 치유의 근원이 되는 그 무한한 긍휼이다.

긍휼 없이 이루어지는 치유가 어떤 것인지, 우리는 너무도 잘 알고 있다. 다시 걷고 다시 보고 다시 말하게 되긴 했으나 마음은 여전히 어둡고 비통한 사람들을 우리는 보아 왔다. 진정한 관심에서 비롯되지 않은 치유는 잘못된 치유로서, 빛이 아니라 어둠으로 인도한다는 것을 우리는 너무도 잘 알고 있다. 새로운 삶으로 가는 지름길에 어리석게 현혹되지 말자. 복음서에 기록되어 있는 예수님의 많은 치유 사건들은 그분이 우리와 함께하신다는 사실과 결코 분리될 수 없다. 그 사건들은 그분의 거룩한 긍휼의 무한한 풍성함을 증거하고, 우리의 인간

조건에 대한 그분의 결속이 맺은 아름다운 열매들을 보여 준다. 진정으로 좋은 소식은 하나님이 멀리 떨어져 계신 하나님, 두려워 피하게 되는 하나님, 복수의 하나님이 아니라, 우리의 고통에 마음이 움직이시는 하나님, 인간의 어려움에 충만히 동참하시는 하나님이라는 것이다. 복음서에 기록된 기적적인 치유들은 이 좋은 소식을 희망차고도 즐겁게 상기시켜 준다. 그리고 이 좋은 소식이야말로 우리에게 진정한 위로요 위안이다.

경쟁적인 우리의 자아

우리는 자신을 비판적인 시각으로 들여다볼 때, 우리 삶의 주된 동기가 경쟁심이지 긍휼이 아니라는 것을 인식한다. 우리는 온갖 종류의 경쟁 속에 깊이 빠져 있다. 자아에 대한 우리의 총체적인 의식은 자신과 다른 사람을 비교하는 방식 그리고 우리가 차이점이라고 생각하는 것들에 달려 있다. '나는 누구인가?'라는 질문을 이 세상의 힘—학교 당국, 교회의 대표자들, 인사과 사람들, 운동 선수 매니저들, 공장 관리자들, 텔레비전 및 라디오 아나운서들—의 논리에서 제기할 경우, 그 대답은 간단하다. 즉, '당신이 만들어 내는 차이점이 바로 당신을 결정한다'는 것이다. 우리의 차이점 즉 특징들로 인해 우리는 인정받고 높임을 받든지 거부되고 경멸을 당한다. 우리가 얼마나 지적이고 실제적이며 강하고 빠르고 능숙하며 잘생겼는가는 바로 우리가 비교를 당하는 상대방 즉 우리의 경쟁 상대에 달려 있다. 우리 자존감의 상당 부분도 이러한 긍정적, 부정적 차이점에 기인한다. 가족 간의 문제, 인종 간의 갈등, 계급 충돌 그리고 국내외의 분쟁 전부에서, 이러한 실제적 차이점 혹은 상상에 근거한 차이점이야말로 가장 중심적인 역할을 한다. 사실 우리는 사람들 사이에 그리고 여러 그룹들 사이에 존재하는 차이점들을 옹호하는 데 많은 에너지를 쏟아붓는다. 그리하여 우리는 서로 간에 거리감이 생기게 만드는 방식으로 우리 자신을 규정한다. 우리는 자신의 '트로피들'에 대해 너무도 방어적이다. 다른 사람들과 구별되며 자랑스럽게 내보일 만한 특별한 것이 없다면 도대체 우리는 무엇이란 말인가?

모든 것 속에 스며들어 있는 경쟁심, 우리가 맺는 관계의 구석구석까지 영향을 미치고 있는 이 경쟁심 때문에, 우리는 서로 끈끈하게 결속되지 못하고 긍휼로 가는 길도 방해를 받는다. 우리는 긍휼이 우리의 경쟁적인 삶의 가장자리에만 머물러 있는 것을 더 좋아한다. 긍휼의 사람이 되려면 서로를 나누는 선 긋기를 포기하고 서로의 차이점과 특징들을 내버려야 하기 때문이다. 이것은 곧 우리의 정체성을 잃어버린다는 의미가 아니겠는가! 긍휼에의 부르심이 그렇게도 두렵고, 그리하여 깊은 저항감을 불러일으키는 이유도 바로 여기에 있다.

새로운 자아

예수님이 제공하시는 긍휼은 우리에게, 두려워하는 아집을 포기하고 그분과 함께 하나님 안에 있는 두려움 없는 삶으로 들어가라고 도전한다. "너희 아버지의 자비로우심같이 너희도 자비로운 자가 되라"는 말씀을 통해 예수님은 하나님이 우리와 가까워지신 만큼 우리도 서로 가까워지라고 초대하신다. 예수님은 심지어 우리에게 하나님의 긍휼로 서로 사랑하라고 요청하신다. 하나님의 사랑은 경쟁심이 조금도 섞이지 않은 긍휼을 말한다. 그러므로 오직 하나님만이 온전히 긍휼을 베푸실 수 있다. 왜냐하면 우리와 경쟁하지 않는 분은 오직 하나님밖에 없기 때문이다. 하나님의 긍휼의 역설은 하나님이야말로 진정 하나님이시기 때문에 긍휼을 베푸실 수 있다는 것이다. 하나님은 전적으로 타자이시기 때문에, 전적으로 우리와 같이 되실 수 있다. 하나님은 너무도 완전하게 거룩하시기 때문에 그만큼 철저히 인간이 되실 수 있다. 간단히 말해서, 하나님은 자신과 우리를 비교하지 않으시기 때문에, 따라서 우리와 전혀 경쟁하지 않으시기 때문에 완전한 긍휼을 품으실 수 있다.

"너희 아버지의 자비로우심같이 너희도 자비로운 자가 되라"는 예수님의 명령은 하나님의 긍휼에 우리도 동참하라는 명령이다. 예수님은 우리에게 경쟁적인 자아라는 환영과도 같은 가면을 벗어 버리고, 자아 정체성의 근원으로서 상상에 근거한 자신만의 특징에 집착하지 말고, 예수님이 하나님과의 사이에서 경험하셨던 것과 동일한 하나님과의 친밀한 관계를 취하라고 요청하신다. 이것이야말로 그리스도인의 삶의 신비다. 이것은 새로운 자아, 새로운 정체성을 받아들이는 것이다. 이것은 우리가 성취할 수 있는 바에 달려 있지 않고 우리가 받고자 하는 바에 달려 있다. 이 새로운 자아는 그리스도 안에서 그리스도를 통해 신적인 삶에 동참하는 것이다. 예수님은 자신이 하나님께 속해 있듯이 우리도 하나님께 속하기를 바라신다. 자신이 하나님의 아들이시듯 우리도 하나님의 자녀가 되길 바라신다. 그분은 우리가 두려움과 의심으로 가득 차 있는 옛 자아를 벗어 버리고 하나님 자신의 삶이라 할 수 있는 새로운 삶을 받아들이기를 바라신다. 그리스도 안에서 그리스도를 통해 우리는 새로운 정체성을 받아들이며 이렇게 말할 수 있게 된다. "나의 가치는 경쟁을 통해 긁어 모을 수 있는 것들로 평가되는 것이 아니라, 하나님께 값없이 받은 사랑으로 평가된다." 그리하여 우리는 바울처럼 말하게 된다. "이제는 내가 사는 것이 아니요 오직 내 안에 그리스도께서 사시는 것이라"(갈 2:20).

이 새로운 자아, 바로 예수 그리스도의 자아는 하나님이 자비로우시듯 우리도 자비로울 수 있게 해 준다. 우리는 예수님과의 연합을 통해, 서로 경쟁하던 삶에서 들어올려져 하나님의 완전하심 속에 들어간다. 경쟁심이 전혀 존재하지 않는 그분의 완전하심을 공유함으로써, 서로 간에 새롭고도 긍휼 어린 관계 속으로 들어갈 수 있다. 우리는 모든 생명의 수여자이신 분으로부터 오는 정체성을 받아들임으로써, 거리감이나 두려움 없이 서로 함께할 수 있다. 권력을 향한 욕망과 탐욕을 품지 않는 이 새로운 정체성으로 인해 다른 사람의 고통에 완전히 그리고 조건 없이 동참할 수 있게 되며, 그리하여 아픈 자들을 치유하고 죽은 자에게 생명을 불어넣을 수 있게 된다. 우리가 하나님의 긍휼을 공유하면, 완전히 새로운 삶의 방식이 우리 앞에 펼쳐진다. 그것은 수 세기 동안 그리스도의 증인이 되어 온 사도들과 위대한 그리스도인들의 삶에서 볼 수 있는 삶의 방식이다. 이 하나님의 긍휼은 우리 손으로 만들어 낸 긍휼과 달리 경쟁의 일부로 존재하지 않는다. 오히려 이것은 새로운 삶의 방식이며, 사람들 사이의 비교와 경쟁, 라이벌 의식은 점차 뒷전으로 밀려나게 된다.

바울은 빌립보서에서, 새롭게 발견된 이 긍휼의 아름다운 예를 제시하고 있다. 그는 이렇게 적었다. "내가 예수 그리스도의 심장(헬라어로는 앞에서 말한 '스플랑크나')으로 너희 무리를 얼마나 사모하는지 하나님이 내 증인이시니라"(빌 1:8). 바울도 자기 동족 이스라엘에 대해, 예수님이 고통 속에서 자신에게 나아온 자들에 대해 품으셨던 긍휼과 동일한 신적인 강렬한 마음을 품고 있다. 바울이 거룩한 친밀감을 가지고 자기 민족을 사랑한다는 것은 신비다. 이리하여 그의 긍휼은 단순한 동정심이나 정서적 유대감을 훨씬 뛰어넘는다. 이것은 그가 그리스도 안에서 새로운 존재가 되었다는 것을 드러내는 것이다. 그리스도 안에서 바울은 모든 것을 감싸 안을 수 있게 되었으며, 하나님의 긍휼로 마음이 깊이 움직이게 되었다. 그러므로 그는 "내가 너희 무리를 그리스도의 '스플랑크나' 안에서 사모한다" 즉 그리스도께서 보여 주신 가장 친밀하고 거룩한 낮아짐을 통해 사모한다고 말하는 것이다. 바울은 그리스도 안에서의 새로운 삶을 통해 경쟁심과 라이벌 의식으로부터 들어올려졌으며, 하나님의 긍휼을 자기 민족에게 적용할 수 있게 되었다. 이것은 바울의 사역의 위대한 신비를 보여 준다. 그는 하나님의 긍휼로 사람들을 어루만졌다. 그 긍휼은 너무도 깊고 충만해서 열매를 맺지 않을 수 없는 긍휼이었다. 또한 이것은 우리가 함께하는 새로운 방식의 신비다. 이제 긍휼 안에서 함께하는 것이 가능해졌다. 우리는 하나님의 긍휼을 공유하게 되었기 때문이다. 우리는 이 긍휼 안에서 그리고 이 긍휼을 통해서, 하나님이 우리와 함께 사실 때 누리게 되는 충만하고 친밀한 결속감을 서로 간에도 누리며 살기 시작한다.

2장

종 되신 하나님

자기를 비움

하나님의 긍휼은 막연하고 추상적인 것이 아니라, 우리에게 뻗어 오는 분명하고 구체적인 몸짓이다. 예수 그리스도 안에서 우리는 하나님의 긍휼의 충만을 본다. 우리는 깨어진 깊은 상처 가운데서 우리를 어루만져 줄 손길과 우리를 감싸 안아 줄 팔, 우리에게 입맞춤해 줄 입술과 지금 여기서 우리에게 들려주는 말, 그리고 우리가 무서워 떨 때 겁내지 않고 다가와 줄 마음을 갈구한다. 우리는 어느 누구도 동일하게 느끼지 못하고 느껴 보지 못했으며 앞으로도 느끼지 못할 자신만의 고통을 느끼면서, 용감하게 가까이 다가와 줄 누군가를 항상 기다린다. 우리는 우리에게 와서 진심으로 "내가 너와 함께 있단다"라고 말해 줄 수 있는 이를 기다린다. 우리와 함께하시는 하나님인 예수 그리스도가 자유로운 사랑 안에서 그런 우리에게 오셨다.

인간적인 조건을 경험하실 필요가 전혀 없으신 분이 사랑 때문에 값없이 그렇게 하기로 선택하신 것이다.

예수 그리스도 안에서 우리와 함께하시는 하나님이 되신 하나님의 이 신비는 우리로서는 파악할 수 없는 것이다. 그러나 우리는 겸손하고 경건한 마음으로 이 신비 속에 들어갈 수 있고, 또 들어가야만 한다. 그 속에서 우리의 위로와 위안의 근원을 발견할 수 있기 때문이다. 예수님이 더 이상 제자들과 함께 계시지 않게 되었을 때, 초기 기독교 공동체는 하나님의 긍휼의 신비를 표현할 새로운 언어를 발견했다. 그런 표현들 중에서 가장 아름답고 심오한 표현이 바로 '그리스도 찬가'로서 바울이 빌립보서에 실은 다음의 구절이다.

> 그는 근본 하나님의 본체시나
> 하나님과 동등됨을
> 취할 것으로 여기지 아니하시고
> 오히려 자기를 비워
> 종의 형체를 가지사
> 사람들과 같이 되셨고
> 사람의 모양으로 나타나사
> 자기를 낮추시고
> 죽기까지 복종하셨으니

곧 십자가에 죽으심이라. (빌 2:6-8)

여기서 우리는, 예수 그리스도 안에서 자신을 계시하신 긍휼의 하나님이 바로 종 되신 하나님이심을 알 수 있다. 우리의 하나님은 종 되신 하나님이다. 무력해진 한 사람을 통해 우리가 자유롭게 되며, 약해진 한 사람을 통해 우리가 강해지고, 자신의 모든 특징을 벗어 버린 한 사람 안에서 우리가 새로운 소망을 발견하며, 종이 된 한 사람 안에서 우리가 지도자를 발견하게 된다는 사실은 이해하기가 어렵다. 이것은 우리의 지적·정서적 지평을 넘어서는 일이다. 우리는 우리처럼 갇힌 바 되지 않은 사람에게서 자유를 기대하고, 우리처럼 병들지 않은 사람에게서 건강을 기대하며, 우리처럼 길 잃고 방황하지 않는 사람에게서 새로운 방향성을 기대한다.

하지만 예수님은 자신을 비우셨고 스스로 종의 모습이 되셨다고 한다. 종이 된다는 것은 인간적인 능력뿐만 아니라 초인적인 능력에도 굴복한다는 의미다. 이것은 곧 무력한 상태를 말하며, 이런 상태에서는 통제 불가능한 사건들과 정체를 알 수 없는 세력들, 그리고 사람의 이해와 통제를 넘어서는 변덕스러운 행위자들에 의해 희생당한다는 느낌을 갖게 된다. 복음이 처음으로 선포되던 시절의 문화에서 이런 행위자들은 종종 적대적이고 잔인한 신들을 의미했다. 우리 시대에는 이런 것들이 더 이상 인격화되지는 않지만, 그래도 여전히 현실적이고 두려운 존재로 남아 있다. 핵탄두와 핵 발전소, 기아로 죽어 가고 있는 수백만의 사람들, 고문실과 엄청난 잔혹 행위, 증가하는 강도와 강간, 뒤틀리고 가학적인 술책, 이 모든 것들로 인해 우리는 어느 날 어느 시에라도 우리를 파괴할 수 있는 불가사의한 힘의 연결망에 둘러싸여 있다는 느낌을 받는다. 우리 자신이 우리가 살아가고 일하는 방식에 거의 영향을 미치지 못한다는 인식 그리고 언제 어떤 일이 일어나서 우리의 삶과 건강 혹은 행복을 영구적으로 파괴해 버릴지 모른다는 인식은 우리 마음을 슬픔과 두려움으로 가득 채운다.

　이러한 상황에서 우리가 이 두려운 주변 환경에서 눈을 돌려, 즉 지금 여기서 눈을 돌려, 이런 종살이로부터 우리를 자유롭게 해 줄 '위에 있는' 무언가 혹은 누군가를 올려다보는 것이 무어 그리 놀랄 일이란 말인가! 우리 시대는 물론 예수님 시대에도, 우리는 이러한 불행에서 우리를 끌어올려, 우리를 삼켜 버릴 듯이 위협하는 이 세상으로부터 안전 거리가 유지되는 지평으로 이끌어 줄 범상치 않고 기이하며 눈에 확 띄는 것을 강렬하게 원하는 마음이 존재함을 발견하게 된다.

자기를 낮춤

하지만 예수님은 높은 곳에서 내려오셔서 우리를 종살이에서 끌어올리신 것이 아니라, 오히려 우리와 함께 종이 되셨다고 한다. 하나님의 긍휼은 종 되심 안에서 드러나는 긍휼이다. 예수님은 우리를 지배하는 권력과 영향력 아래 우리와 똑같이 굴복하셨으며, 우리의 두려움과 불확실성과 염려를 똑같이 겪으셨다. 예수님은 자신을 비우셨다. 예수님은 특권적인 위치, 위엄 있고 능력 있는 위치를 포기하시고, 전적으로 의존적인 상태를 무조건 취하셨다. 바울의 '그리스도 찬가'는 우리로 하여금 우리의 상황을 피해서 위만 올려다보게 하는 것이 아니라, 우리의 중심을 들여다보고 그 속에서 하나님을 발견하게 한다.

하지만 이것이 전부가 아니다. "사람들과 같이 되셨고 사람의 모양으로 나타나사 자기를 낮추시고 죽기까지 복종하셨으니 곧 십자가에 죽으심이라." 여기에 하나님의 긍휼의 진수가 선포되어 있다. 예수님은 인간이 됨으로써 의존적이고도 두려운 상황을 온전히 맛보셨을 뿐만 아니라, 말로 표현할 수 없을 만큼 끔찍한 형태의 죽음―십자가에서의 죽음―을 통해 죽음까지도 경험하셨다. 그분은 단순히 인간이 되신 것이 아니라, 인간 중에서도 가장 심하게 거부당하고 실패한 형태의 인간이 되셨다. 그분은 인간의 불확실성과 두려움만 아셨던 것이 아니라, 인간의 고뇌와 고통 그리고 범죄자로 낙인찍혀 피비린내 나는 고문과 죽음에 이르는 완전한 추락을 경험하셨다. 예수님은 이런 굴욕을 통해, 긍휼로 자기를 비워 우리와 함께 계신다는 의미를 완전히 몸으로 살아 내셨다. 예수님은 온갖 구체적인 형태로 괴로운 인간 조건을 감내하셨을 뿐만 아니라, 가장 무지막지하고 추하고 굴욕적인 형태의 죽음까지 맛보셨다. 그 죽음은 우리같이 '평범한' 사람들로서는 절대로 원치 않을 그런 죽음이었다.

복음서에 나오는 예수님의 치유 이야기를 통해, 우리는 하나님이 고통받는 자들과 얼마나 가까이 있고 싶어 하시는지를 감지한다. 하지만 이제 우리는 하나님이 이런 친밀함을 얻기 위해 지불하신 값을 보게 된다. 그 값은 바로 완전한 종 됨, 노예가 되어 이상하고 낯설고 잔인한 힘에 완전히 맡겨지는 것이었다. 우리는 이러한 자기 비움과 겸손의 길에 본능적으로 저항한다. 우리는 우리를 이해하려고 애쓰는 사람들을 분명 고맙게 생각한다. 우리와 같이 느끼고자 하는 사람들에게는 정말로 감사한다. 하지만 우리라면 무슨 수를 써서라도 피하고 싶을 고통을 스스로 선택해서 짊어지는 사람들에 대해서는 의심의 눈초리로 바라보게 된다. 우리는 조건부 결속은 이해한다. 하지만 무한 결속은 이해하지 못한다.

하향성의 삶

예수님의 긍휼의 특징은 하향성의 삶이다. 바로 이 점이 우리의 마음을 불편하게 한다. 우리는 상향성의 삶 이외의 언어로는 우리 자신에 대해서 생각조차 하지 못한다. 우리는 위쪽을 향해 움직이면서, 좀더 나은 삶, 좀더 많은 월급, 좀더 명예로운 지위를 얻으려고 아등바등한다. 그러므로 하향성의 삶을 체현하신 하나님에 대해서 우리는 마음 깊이 불편함을 느낀다. 예수님은 좀더 높은 지위와 좀더 많은 권력을 얻고 좀더 많은 영향력을 끼치기 위해 아등바등하기보다는, 칼 바르트(Karl Barth)의 말대로 "높은 곳에서 맨 밑바닥으로, 정복에서 패배로, 부유함에서 가난함으로, 승리에서 고난으로, 삶에서 죽음으로" 움직이셨다.[2] 예수님의 삶과 사역 전체는 무력함을 받아들이는 것, 그리고 이 무력함 가운데서 하나님의 사랑의 무한함을 계시하는 것과 관련되어 있다. 여기서 우리는 긍휼의 진정한 의미를 보게 된다. 긍휼은 특권적인 위치에서 허리만 구부려 소외된 자들에게 향하는 것이 아니다. 긍휼은 높은 곳에서 낮은 곳에 있는 좀더 불운한 자들에게 손을 뻗치는 것이 아니다. 긍휼은 상향성의 삶을 성취하지 못한 사람들에게 동정 어린 태도를 취하는 것이 아니다. 그와는 반대로, 긍휼은 직접 그 사람들에게로 다가가 고난이 가장 극심한 곳으로 들어가 거기에 자리 잡는 것이다. 하나님의 긍휼은 완전하고 절대적이며 무조건적이고 제한 없는 것이다. 그 긍휼은 세상에서 가장 잊힌 곳으로 계속 다가가시는 분의 긍휼이며, 아직도 눈에 눈물이 고여 있는 사람이 있다는 것을 안 이상 편안히 쉬실 수 없는 분의 긍휼이다. 그것은 그저 종으로서 행동하시는 하나님의 긍휼이 아니라, 그 종 됨 자체가 바로 신성의 분명한 표현이 되는 하나님의 긍휼이다.

우리는 '그리스도 찬가'를 통해, 하나님이 종으로서 우리에게 오심으로써 그분의 거룩한 사랑을 계시하시는 것을 본다. 하나님의 긍휼의 위대한 신비는, 하나님이 그분의 긍휼 안에서 그리고 그분이 친히 우리와 함께 종이라는 조건 속으로 들어오심으로써, 자신을 하나님으로 우리에게 계시하신다는 것이다. 하나님의 종 되심은 하나님의 하나님 되심에 대한 예외가 아니다. 하나님의 자기 비움과 겸손은 그분의 진정한 본성에서 잠시 벗어나는 행위가 아니다. 하나님이 우리 인간처럼 되시고 십자가에서 죽으신 것은 그분의 신적인 존재 방식에서 일시적으로 이탈하신 것이 아니다. 오히려 자기를 비우고 겸손해진 그리스도 안에서 우리는 하나님과 조우하고, 하나님이 진정 어떤 분이신지를 보며, 하나님의 진정한 신성을 알게 된다. 바로 하나님이 하나님이시기 때문에, 종의 형태로 자신의 신성을 계시하실 수 있다. 칼 바르트가 말했다시피, "하나님이 아주 먼 나라로 가서 자신의 영광을 숨기신다고 해서 자신을 불명예스럽게 하시는 것은 아니다. 그분은 감추시는 가운데 진정으로 명예로워지시기 때문이다. 이런 숨김, 따라서 하나님의 그러한 겸허함은 우리가 그분의 진정한 모습을 보게 되는 이미지이자 영상이다."[3] 하나님의 종 됨은 하나님을 손상시키지 않는다. 하나님은 종 됨으로 인해 자신에게 맞지 않는 이질적인 것을 취하시지 않는다. 하나님은 종 됨으로 인해 자신의 신성한 자아에 역행하는 행동을 하시지 않는다. 오히려 하나님이 자신을 하나님으로서 계시하는 방법으로 선택하신 것이 바로 종 됨이다. 그러므로 예수 그리스도 안에서 보게 되는 하향성의 삶은 하나님으로부터 벗어난 움직임이 아니라, 오히려 진정한 하나님을 향해 가는 움직임이라고 말할 수 있다. 그 하나님은 우리를 다스리기 위해서가 아니라 우리를 섬기기 위해서 우리에게 오신 분이다. 이것은 하나님이 종 됨 이외의 방법으로 알려지기를 원치 않으시며, 따라서 종 됨이야말로 하나님의 자기 계시라는 사실을 구체적으로 보여 준다.

예수님의 발자취를 따라

여기서 우리를 긍휼로 부르시는 부르심의 새로운 차원이 분명해진다. 하나님의 긍휼이 예수 그리스도의 하향성의 길 안에서 드러날진대, 서로를 향한 우리의 긍휼도 예수님의 길을 따르는 것 그리고 자기를 비우고 겸손해지는 이러한 움직임에 참여하는 것과 관련될 것이다. 예수님의 제자들은 자신들이 예수님과 함께 종의 자리로 이동함으로써 하나님의 긍휼이 이 세상에 임재하도록 하는 것이, 바로 자신들을 향한 부르심임을 잘 알고 있었다. 베드로는 이렇게 썼다. "다 서로 겸손으로 허리를 동이라"(벧전 5:5). 베드로의 말에는, 자신의 겸손한 길을 따라오라던 예수님의 말씀이 메아리치고 있다. "무릇 자기를 높이는 자는 낮아지고 자기를 낮추는 자는 높아지리라"(눅 14:11). "누구든지 자기 목숨을 구원하고자 하면 잃을 것이요 누구든지 나와 복음을 위하여 자기 목숨을 잃으면 구원하리라"(막 8:35). "누구든지 이 어린아이와 같이 자기를 낮추는 사람이 천국에서 큰 자니라"(마 18:4). "누구든지 나를 따라오려거든 자기를 부인하고 자기 십자가를 지고 나를 따를 것이니라"(막 8:34). "심령이 가난한 자는…애통하는 자는…의에 주리고 목마른 자는…의를 위하여 박해를 받은 자는 복이 있나니…"(마 5:3-10). "너희 원수를 사랑하며 너희를 박해하는 자를 위하여 기도하라"(마 5:44).

이것이야말로 예수님의 길이며, 예수님이 자신의 제자들에게 따라오라고 부르시는 길이다. 이 길은 처음에는 우리를 몹시 겁나게 한다. 최소한 당혹스럽게 한다. 자기를 낮추기를 원하는 사람이 누가 있는가? 맨 나중 되기를 원하는 사람이 누가 있는가? 누가 그렇게 작고 무력한 어린아이처럼 되고 싶겠는가? 목숨을 잃거나 가난해지거나 애통하거나 굶주리고 싶은 사람이 어디 있겠는가? 이 모든 것은 우리의 자연적인 성향과는 정반대되는 것들임이 분명하다. 하지만 예수님이 근본적인 하향성의 삶을 통해 하나님의 긍휼 어린 본성을 계시하신다는 것을 알고 나면, 예수님을 따른다는 것은 하나님의 지속적인 자기 계시에 동참하는 것임을 이해하게 된다. 우리는 예수님과 함께 십자가의 길을 떠남으로써, 우리의 삶을 통해 이 세상에서 하나님의 긍휼 어린 임재를 분명히 드러내게 된다. 바르트가 직시했던 것과 같이, 세상의 관점에서는 부자연스러워 보였던 것이 그리스도를 따르는 자들에게는 자연스러워진다.[4] 그리스도의 종 되심 안에서 하나님의 본성이 분명히 드러나는 것처럼, 세상에 하나님의 임재를 선포하고 싶어 하는 사람들에게는 종 됨이 자연스러운 반응이 된다. 그러기에 바울도 골로새 교인들에게 이렇게 말할 수 있었을 것이다. "나는 이제 너희를 위하여 받는 괴로움을 기뻐하고 그리스도의 남은 고난을 그의 몸 된 교회를 위하여 내 육체에 채우노라"(골 1:24). 바울에게는 종 됨이 자연스럽게 몸에 배어 있었다. 종 됨은 그리스도 안에 있는 그의 새로운 존재에 속한 것이었다.

제2의 본성

그리스도 안에서 그리스도를 통해 받게 되는 '제2의 본성'은, 우리가 종 됨 안에서 긍휼을 베풀며 살 수 있도록 우리를 자유롭게 한다. 긍휼은 이제 더 이상 특별한 상황에서 훈련해야 하는 덕목도 아니고, 우리가 응대할 수 있는 방법이 전부 소진되었을 때만 취해야 하는 태도도 아니다. 긍휼은 이 세상에서의 **자연스러운** 존재 방식이다. 우리는 또한 이 제2의 본성을 통해 긍휼을, 도덕적인 의미로 즉 선한 그리스도인으로서의 행동 방식이라는 견지에서 보지 않고, 이 세상에서의 새로운 존재 방식으로 보게 된다. 그리스도인으로서 우리는 그리스도의 대사로 부르심을 받았으며(고후 5:20), 그리스도 안에서 하나님의 무한한 긍휼은 손에 잡히는 구체적인 실재가 된다. 제자도를 통해 그리스도와 함께 겸손한 종이 된다는 것은, 살아 계신 하나님의 증인이 되는 것이다. 그리스도인의 삶은 종 됨을 통해 긍휼의 하나님을 전하는 증인의 삶이지, 고난과 고통을 추구하는 삶이 아니다.

외부인들에게는 그리스도인들의 행동이 순진하고 비현실적이며, 때로는 자학에 버금가는 행동으로 보일 수도 있다. 외부인들이 생각하기에, 고생과 고통에 마음이 끌리는 사람 그리고 스스로 종의 위치로까지 내려가기 원하는 사람은 누구든 제정

신일 수가 없다. 이해할 만한 생각이다. 노예가 되려고 애쓰는 모습은 인간의 감성에 상처를 입힐 만큼 너무도 이상한 생활 방식이다. 삶의 기본적인 요건이 눈에 보이게 결핍되어 있는 사람을 돕는 행위는 틀리거나 이상할 것이 없다. 이런 상황에서는 가능하다면 그런 고통을 덜어 주려고 노력하는 것이 상당히 합리적인 일로 보인다. 그러나 성공적인 지위를 버리고 자유롭게, 의식적으로, 의도적으로 종 된 위치로 들어가는 행동은 건강하지 못한 것으로 보인다. 그런 행동은 가장 기본적인 인간의 본능을 침해하기 때문이다. 다른 사람들을 우리의 특권적인 위치로 끌어올리려고 노력하는 것은 명예로운 행동이며, 더 나아가서는 아마도 관대함의 표현이라 할 수 있을 것이다. 하지만 우리 자신을 불명예스런 자리로 내몰고 의존적이며 상처받기 쉬운 위치로 내려가는 것은, 자학의 한 형태요 우리의 가장 지고한 열망에 대한 도전으로 보일 수 있다.

'덜 행복한 사람들을 도웁시다'라는 구호에는 이런 태도의 일면이 엿보인다. 우리는 도움을 바라는 사람들이나 도움을 주는 사람들이 외치는 이 말을 자주 들을 수 있다. 이 말에서는 엘리트주의적인 냄새가 풍긴다. 왜냐하면 이 말에는, **우리는** 성공했고 성취한 반면에 **그들은** 우리를 따라잡을 수 없으며 따라서 도움이 필요하다는 전제가 깔려 있기 때문이다. 이 말은 다음과 같은 태도를 반영하고 있다. "운명은 우리 편이지 그들

편이 아니다. 하지만 우리는 그리스도인인 만큼, 그들을 끌어올려 주고 우리가 가진 행운을 나누어 주어야 할 것이다. 거부할 수 없는 사실은, 이 세상이 '행운아'와 '불운아'로 양분되어 있다는 것이다. 그러니 우리는 너무 죄책감을 갖지 말자. 대신에 선한 사람이 되어 울타리 저쪽에 있게 된 사람들에게 도움의 손길을 뻗치자." 이런 사고방식에서는 긍휼이 경쟁의 일부로 남아 있을 뿐이며, 이것은 근본적인 종 됨으로부터 멀리 떨어진 외침에 불과하다.

근본적인 종 됨은, 우리가 새로운 이해의 차원을 도입하여 그 종 됨을 하나님과 조우하는 길로 바라보지 않는 한 이해할 수 없는 것이다. 겸손함과 박해 속에서 하나님을 발견하지 못한다면, 우리는 낮아지는 것과 박해받는 것을 바라지 않을 것이다. 우리가 종 됨의 한가운데서 하나님을 우리의 모든 위로와 위안의 근원으로 바라볼 때, 긍휼은 불행한 자들에게 선한 일을 해 주는 것을 훨씬 뛰어넘는 일이 된다. 긍휼의 하나님과 조우하게 되는 근본적인 종 됨은 우리로 하여금 부와 가난, 성공과 실패, 행운과 불운의 구분을 넘어서게 해 준다. 근본적인 종 됨은, 가능한 한 일부러 비참한 신세로 빠져들려고 애쓰는 것이 아니라, 자신을 우리에게 알리시기 위해 종 됨의 길을 선택하신 참 하나님의 비전에 우리 눈을 여는 즐거운 생활 방식이다. 가난한 자들이 복되다고 한 것은 가난이 선이기 때문이 아니라, 하나님 나라가 그들의 것이기 때문이다. 애통하는 자가 복되다고 한 것은 애통하는 것이 선하기 때문이 아니라 그들이 위로를 받을 것이기 때문이다.

여기서 우리는 심오한 영적 진리와 마주한다. 섬김이란 하나님을 추구하는 삶의 표현이지 단순히 개인적 혹은 사회적 변화를 일으키려는 바람의 표현이 아니라는 것이다. 이 말에는 오해의 소지가 많이 있지만, 이 말의 진실은 섬김을 끊임없이 자신의 관심사로 여기는 사람들의 삶 속에서 확증된다. 우리가 다른 사람들에게 베푸는 도움이 우선적으로 어떤 변화를 획득하기 위한 동기에서 비롯되는 한, 우리의 섬김은 오래 지속될 수 없다. 결과가 드러나지 않고 성공이 눈에 보이지 않을 때, 우리가 하는 일에 대해 사람들이 더 이상 호의를 보이거나 칭찬하지 않을 때, 우리는 계속할 수 있는 힘과 동기를 잃는다. 우리가 그저 슬프고 가난하고 병들고 비참한 사람들만을 보고 있다면, 우리가 그토록 도우려고 애쓰고 수고했음에도 불구하고 그들이 여전히 슬프고 가난하고 병들고 비참한 채로 있다면, 그때 우리가 취할 유일한 반응은 우리 자신이 냉소적이 되거나 우울해지는 것을 방지하기 위해 그들로부터 떠나는 것뿐이다. 그러나 근본적인 종 됨은 가난, 기아, 질병, 그 외의 어떤 인간 고통이든 극복하려고 끈질기게 노력하는 동시에, 이 깨어진 세상 속에서 우리 긍휼의 하나님의 온유한 임재를 드러내라고 우리에게 도전한다.

기쁘게 감당하는 종

예수 그리스도의 길을 따라 섬김의 삶에 헌신한 사람들에게서 볼 수 있는 자질은 바로 마음에서 우러나는 기쁨과 감사다. 부모와 자녀가 서로의 필요에 대해 민감하며 외부로부터의 많은 압박에도 불구하고 함께하는 시간을 보내는 가정에서, 우리는 이런 자질을 본다. 낯선 이를 받아들일 여유가 있고 방문객을 대접할 여분의 음식이 있으며 자신을 필요로 하는 자에게 내 줄 시간이 있는 자들에게서, 이런 자질을 본다. 연장자들과 함께 일하는 학생들에게서, 굶주리거나 감옥에 갇혀 있거나 병들었거나 죽어 가는 사람들을 위해 돈과 시간과 에너지를 바치는 사람들에게서 이런 자질을 본다. 가난한 사람 중에서도 가장 가난한 사람들과 함께 일하는 수녀들에게서 이런 자질을 본다. 우리는 진정한 섬김이 있는 곳에서 진정한 기쁨을 본다. 왜냐하면 섬김의 한가운데서 하나님의 임재를 눈으로 볼 수 있고, 선물로 받을 수 있기 때문이다. 그러므로 예수님을 따르는 자로서 섬기는 사람들은 자신들이 준 것보다 더 많이 받는다는 것을 알게 된다. 어머니가 자녀에게 쏟은 관심에 대해 상 받기를 바라지 않듯이(왜냐하면 자녀가 바로 그 어머니의 기쁨이므로), 이웃을 섬기는 사람들은 자신이 섬기는 사람들 속에서 자신의 상을 발견하게 될 것이다.

주님이 가신 자기 비움과 겸손의 길을 따르는 사람들이 누리는 기쁨은, 그들이 추구하는 바가 비참함과 고통이 아니라 하나님이라는 것을 보여 준다. 그 하나님은 바로 그들이 삶 속에서 경험하는 긍휼을 베풀어 주신 분이다. 그들의 눈은 가난과 비참함이 아니라, 사랑하시는 하나님의 얼굴에 초점을 맞추고 있다.

이러한 기쁨은 하나님의 사랑이 충만하게 현현되는 것에 대한 예기(豫期)라고 볼 수 있을 것이다. 그러므로 '그리스도 찬가'는 그리스도께서 걸으신 하향성의 삶에 대한 표현으로 끝나지 않는다. 그리스도는 자신을 비워 스스로 겸손하게 되셨다. 그리고 그 다음은 이것이다.

> 이러므로 하나님이 그를 지극히 높여
> 모든 이름 위에 뛰어난
> 이름을 주사
> 하늘에 있는 자들과
> 땅에 있는 자들과 땅 아래 있는 자들로
> 모든 무릎을 예수의 이름에 꿇게 하시고
> 모든 입으로

예수 그리스도를 주라 시인하여

하나님 아버지께 영광을 돌리게 하셨느니라. (빌 2:9-11)

이 마지막 문장이 없다면, 우리는 하나님의 긍휼의 충만하심을 제대로 파악할 수 없을 것이다. 그리스도 안에서 계시된 하나님의 긍휼은 고난으로 끝나는 것이 아니라 영광으로 끝난다. 그리스도의 종 됨은 진실로 거룩한 종 됨이며, 그 종 됨의 충만함은 다시 살아나신 그리스도, 모든 이름 위에 뛰어난 이름을 받으신 그리스도의 주 되심 안에서 발견된다. 그리스도의 부활이야말로 그분의 종 됨의 최후 선언이다. 그리고 종되신 그리스도와 함께 모든 종 됨은 높이 들어올려지고 하나님의 긍휼의 표현으로서 거룩하게 되었다. 이것이야말로 우리의 모든 기쁨과 소망의 근거다. 우리의 종 된 삶은 부활하신 그리스도와 연합되어 있다. 우리는 그 부활하신 그리스도 안에서 그분을 통해서, 긍휼의 하나님 아버지의 자녀가 된 것이다. 그래서 바울은 이렇게 말할 수 있었다. "자녀이면 또한 상속자 곧 하나님의 상속자요 그리스도와 함께한 상속자니 우리가 그와 함께 영광을 받기 위하여 고난도 함께 받아야 할 것이니라. 생각하건대 현재의 고난은 장차 우리에게 나타날 영광과 비교할 수 없도다"(롬 8:17-18).

3장
순종하시는 하나님

하나님의 내면의 삶

하나님은 예수 그리스도 안에서 자신을 긍휼의 하나님으로 우리에게 계시하신다. 이 하나님의 긍휼은 바로 하나님이 섬기는 종으로서 우리와 함께하신다는 것이다. 하나님이 우리와 함께하신다. 깊이 그리고 온유하게 우리와 함께 느끼신다. 하나님은 우리 인간의 고통이 자신의 가장 깊은 내면의 자아에서 울리도록 허용하신다. 더 나아가서 하나님은 신적인 능력을 품은 특권적인 지위를 포기하시고 우리 가운데 겸손한 종으로 나타나시기까지 한다. 상처 나고 지친 우리의 발을 씻겨 주시는 종으로서 말이다.

하지만 이것이 하나님의 긍휼의 전부가 아니다. 우리를 향한 하나님의 무한한 사랑의 신비를 또 다른 각도에서 희미하게나마 알아보기 위해 우리가 좀더 깊이 있게 파헤쳐 보아야 할 요소가 있다. 예수 그리스도 안에서 하나님은 단지 고난받는 종의 모습으로만 자신의 긍휼을 표현하신 것이 아니다. 그분은 순종 가운데 고난받는 종이 되심으로써 자신의 긍휼을 표현하신다. 순종은 종 됨의 가장 심오한 차원을 보여 준다.

   우리는 도움을 필요로 하는 동료 인간을 섬기고자 하는 강한 열망을 종종 경험한다. 또 어떤 때는 가난한 자들을 위해 우리의 인생을 바치고 고난받는 자들과 하나로 결속되어 함께 사는 것을 꿈꾸기도 한다. 그래서 때로 이런 꿈 때문에, 관대한 행동을 하기도 하고 선하고 가치 있는 사역에 투신하기도 하며 몇 주, 몇 개월, 몇 년이 걸리는 일에 헌신하기도 한다. 하지만 여전히 주도권은 우리에게 있다. 언제 갈 것인지, 언제 돌아올 것인지는 우리가 결정한다. 무엇을 할 것인지, 어떻게 그 일을 할 것인지도 우리가 결정한다. 우리가 종 됨의 차원과 강도를 조절한다. 이런 상황에서도 선한 일이 많이 이루어지는 것이 사실이지만, 우리의 종 됨조차 교묘한 형태의 조작이 될 수 있는 위험성은 항상 도사리고 있다. 우리가 맡은 일을 다 했다고 또는 기여할 수 있는 바를 모두 이루었다고 생각하면 다시 주인의 자리로 돌아갈 수 있는 상황에서, 우리는 진정 종이라고 말할 수 있는가? 언제 어디서 얼마 동안 우리의 시간과 에너지를 바칠 것인지를 우리 스스로 말할 수 있을 때, 우리는 진정 종이라고 할 수 있는가? 언제든지 고향으로 돌아올 수 있는 충분한 돈을 은행에 예금해 둔 상태에서 먼 나라에 와 섬기는 것이 진정한 종 됨이 될 수 있는가?

예수님도 '먼 나라'에 오셨다. 보냄받으셨기 때문이다. 예수님은 항상 보냄받았다는 사실을 의식하셨다. 예수님은 자신을 위해서 아무것도 주장하지 않으셨다. 그분은 순종적인 종이셨으며, 자신을 보내신 분에 대한 완전한 순종으로서 말하고 행동하신 것 외에는 무슨 말을 하거나 행하지 않으셨다.

우리는 여기서 말로는 표현하기 어려운 것을 표현하고자 한다. 그것은 하나님이 예수님 안에서 자신의 긍휼을 종 됨으로써 계시하셨을 뿐만 아니라 순종으로써 계시하셨다는 것이다. 자신을 통해서 모든 존재를 가능하게 하신 분이 스스로 순종적인 존재가 되신 것이다. 칼 바르트는 이렇게 적고 있다. "순종이 일어난 장소는 바로 하나님의 내면의 삶 속이었다…자신 안에서 하나님은 순종을 받는 존재이자 동시에 순종하는 존재셨다."[5] 예수 그리스도 안에서 하나님의 본성의 이러한 내적인 부분이 눈에 보이게 드러났다. 우리는 예수 그리스도 안에서, 하나님의 긍휼이 결코 하나님의 순종과 분리될 수 없음을 본다. 왜냐하면 하나님은 예수님의 완전한 순종을 통해서, 깨어지고 상처 입고 고통스러운 인간의 조건 속으로 긍휼 어린 입장(入場)을 감행하셨기 때문이다.

친밀한 듣기

그러나 우리는 이런 것들을 말하면서 이와 더불어 다른 많은 부분들에 대해서도 말해야 한다. 그것은 순종에 대한 우리의 잘못된 감정 때문에, 순종적인 종으로서의 예수님에 대한 우리의 이해가 방해받지 않도록 하기 위해서다. **순종**이라는 말을 들으면 많은 부정적인 감정과 생각이 떠오르곤 한다. 우리는 힘있는 자가 힘없는 사람들에게 명령을 하달하는 것을 생각한다. 그저 거부할 수 없어서 따라야만 하는 명령들을 떠올린다. 다른 사람은 우리에게 좋은 것이라고 말하지만, 우리 스스로는 그 가치를 직접 볼 수 없는 일들을 행하는 것을 생각한다. 명령을 내리는 사람과 명령을 따르는 사람 사이에 존재하는 엄청난 간격을 생각한다. 우리가 "순종하는 마음으로 이것을 합니다"라고 할 때, 이 말이 함축하는 의미는 대개 우리가 행하는 바를 진정으로 이해하지는 못하지만 우리의 열망이나 필요와는 상관 없이 그 명령을 내린 권위를 인정한다는 것이다. 그래서 **순종**이라는 말은 종종 적대감, 원한, 거리감과 같은 많은 부정적인 감정으로 얼룩져 있다. 자신의 의지를 다른 사람에게 강요할 수 있는 위치에 있는 사람이 존재한다는 것. 순종이라는 말에는 거의 항상 그런 의미가 함축되어 있다.

  하지만 예수 그리스도의 순종에는 이와 같은 부정적인 의미가 전혀 없다. 그분의 순종은 하나님의 사랑의 음성을 듣고 그에 반응하는 것이다. 순종이라는 영어 단어(obedience)는 '듣는다'라는 의미의 라틴어 '아우디레'(*audire*)에서 파생된 것이다. 예수 그리스도 안에서 체현된 순종은 완전한 경청이며 한계나 주저함 없이 귀 기울이는 것, '귀를 완전히 여는 것'이다. 이것은 두 사람 사이에 가능한 친밀감의 표현이다. 여기서 순종하는 쪽은 명령하는 쪽의 의지를 아무런 제약 없이 알고 있으며, 모든 것을 아우르는 단 한 가지 열망만을 지니고 있다. 바로 그 의지대로 살고자 하는 열망이다.

이 친밀한 듣기는 예수님이 하나님을 아버지, 사랑하는 아버지라고 말하는 데서 매우 아름답게 표현되어 있다. 예수님이 사용하신 **순종**이라는 단어에서는 두려움이 전혀 연상되지 않는다. 오히려 가장 친밀하고 가장 사랑하는 관계가 표현되어 있다. 이것은 늘 보살피시는 아버지와의 관계이며, 그 아버지는 예수님이 요단강에서 세례를 받으실 때 "이는 내 사랑하는 아들이요"(마 3:17)라고 말씀하셨고, 예수님이 다볼산에서 기도하실 때는 "이는 내 사랑하는 아들이요…너희는 그의 말을 들으라"(마 17:5)고 말씀하신 분이다. 예수님의 말과 행동은 이러한 아버지의 사랑에 대한 순종 어린 반응이다. 예수님이 하나님을 아버지라고 부를 때, 그것은 우리가 알고 있는 모든 사랑을 포괄하는 동시에 초월하는 사랑에 대해 말하는 것이다. 이것은 아무리 강조해도 충분치 못하다. 그것은 아버지의 사랑이되, 동시에 어머니, 형제, 자매, 친구, 연인의 사랑이다. 그 사랑은 단호하되 긍휼을 베풀고, 질투심 있지만 함께 나누며, 찌르되 인도해 주고, 도전하되 보살펴 주며, 사심이 없되 후원해 주고, 이기심 없는 매우 친밀한 사랑이다. 예수님과 하늘 아버지 사이의 사랑은, 우리가 다양한 인간 관계 속에서 경험하는 많은 종류의 사랑을 충분히 보여 주는 동시에 그것을 완전히 초월한다.

아버지께 귀 기울이기

지금까지 우리는 **하나님**이라는 말을 우선적으로 신적인 긍휼의 주체를 가리키는 데 사용했다. 하지만 예수님은 이 긍휼의 하나님을 '아바' 즉 '사랑하는 아버지'라고 부르신다는 사실을 기억해야 한다. 이러한 듣는 관계에서는 거리감이나 두려움, 주저함이나 의심이 단 한 순간도 존재하지 않으며, 오직 아버지로부터 오는 무조건적이고 무제한적이며 자유로운 사랑만이 있을 뿐이다. 이 사랑에 대한 예수님의 반응도 마찬가지로 무조건적이고 무제한적이며 자유로운 것이다. 예수님은 고난과 고통의 세계로 들어오셔서 종이 되어 자신을 우리에게 내어 주셨다. 그런데 우리가 이러한 행동을, 아버지의 사랑을 따내기 위해서 자기를 증명해야만 하는 아들이 주도적으로 취한 영웅적 행동이나 아버지를 존경해야만 하기 때문에 안절부절못하는 마음으로 그 아버지의 명령을 수행한 것으로 본다면, 그것은 큰 오해다. 우리는 오히려 이러한 행동 속에서 신적인 사랑에 귀 기울이는 신적인 경청을 보게 된다. 그것은 사랑 어린 사명에 대한 사랑 어린 반응이며, 자유로운 명령에 대한 자유로운 '순종'이다.

예수님이 성전에서 하신 첫마디 말―"내가 내 아버지 집에 있어야 될 줄을 알지 못하셨나이까?"(눅 2:49)―부터 십자가에서 하신 마지막 말―"아버지, 내 영혼을 아버지 손에 부탁하나이다"(눅 23:46)―에 이르기까지, 예수님의 유일한 관심사는 아버지의 뜻을 행하는 것임을 알 수 있다. 우리는 예수님의 말씀과 치유 행위에 너무 깊은 인상을 받은 나머지, 그분의 사역 전체가 바로 순종의 사역이라는 사실을 종종 망각한다. 예수님의 말씀과 삶의 진정한 위대함은 그분의 순종에서 볼 수 있다. 다른 사람들도 기적을 행하고 다수의 군중을 매료시켰으며 말로 그들에게 깊은 인상을 주었다. 그리고 종교 지도자들의 위선을 비난하기도 했으며, 자신의 이상을 증명하기 위해 참혹한 죽음을 당하기도 했다. 우리가 용기, 영웅주의 혹은 관대함의 화신이라 할 만한 사람들을 추구하는 것이라면, 적어도 예수님이 하셨던 정도로 남다르게 훌륭한 말과 행동을 한 사람들을 많이 찾아볼 수 있다. 하지만 예수님을 다른 모든 인간들과 구별지어 주는 것은 하늘의 아버지에 대한 예수님의 순종이다. "내가 아무것도 스스로 할 수 없노라…나는 나의 뜻대로 하려 하지 않고 나를 보내신 이의 뜻대로 하려 하므로"(요 5:30). "내가 너희에게 이르는 말은 스스로 하는 것이 아니라 아버지께서 내 안에 계셔서 그의 일을 하시는 것이라"(요 14:10). 예수님이 가장 처절하게 고민하는 순간에 붙잡으시는 것은 바로 아버지의 뜻이다. "내 아버지여, 만일 내가 마시지 않고는 이 잔이 내게서 지나갈 수 없거든 아버지의 원대로 되기를 원하나이다"(마 26:42). 그리고 예수님의 죽음은 그러한 순종의 마지막 행동이 된다. "자기를 낮추시고 죽기까지 복종하셨으니"(빌 2:8).

사도 바울이 예수님의 순종을 우리 구원의 근원으로 생각하는 것은 놀랄 일이 아니다. 바울은 로마에 있는 그리스도인들에게 이렇게 쓰고 있다. "한 사람이 순종하지 아니함으로 많은 사람이 죄인 된 것같이 한 사람이 순종하심으로 많은 사람이 의인이 되리라"(롬 5:19). 정말로, 예수님의 말씀이 순종 가운데서 나온 것이기 때문에 그 말씀에 신적인 권위가 있었던 것과 마찬가지로, 예수님은 순종 가운데 자신의 죽음을 받아들이셨기 때문에 우리의 신적인 구세주가 되신 것이다.

그러므로 긍휼의 하나님은 섬기는 하나님이실 뿐만 아니라 순종 가운데 섬기는 하나님이시다. 종 됨과 순종을 별개로 생각하면, 긍휼은 영적으로 스타의 자리에 오르는 것이 되고 만다. 하지만 예수님의 긍휼이 아버지의 무조건적인 사랑을 친밀하게 듣는 데서 나온 것임을 인식하면, 어떻게 종 됨이 진실로 긍휼의 완전한 표현일 수 있는지를 이해할 수 있다. 예수님은 아버지께 철저히 귀 기울이는 그 침묵의 중심에서 고통받는 세상으로 손을 뻗치신다. 마가복음은 이렇게 친밀한 듣기에서 긍휼 어린 행동으로 옮겨 가는 예수님의 행동의 아름다운 실례를 보여 준다. "새벽 아직도 밝기 전에 예수께서 일어나 나가 한적한 곳으로 가사 거기서 기도하시더니"(막 1:35). 예수님이 행동하라는 부르심을 받은 곳은, 바로 사랑하는 아버지께 완전히 귀 기울이신 이 장소였다. 제자들이 "모든 사람이 주를 찾나이다"라고 말하자, 예수님은 아버지에 대한 순종으로 이렇게 대답하신다. "우리가 다른 가까운 마을들로 가자. 거기서도 전도하리니 내가 이를 위하여 왔노라." 그리고 "온 갈릴리에 다니시며 그들의 여러 회당에서 전도하시고 또 귀신들을 내쫓으[셨다]"(막 1:37-39).

하나님의 긍휼은, 예수님 안에서 순종 가운데 우리와 함께 고난받으시는 것으로 드러난다. 예수님은 자기 비움과 겸손의 행동으로 사람들의 찬미와 칭송을 따낸 용감한 영웅이 아니다. 예수님은 탁월한 사회사업가도, 탁월한 의사도 아니고 탁월한 조력자도 아니다. 아무도 흉내 낼 수 없는 자기 부인의 행동을 수행한 위대한 영웅도 아니다. 예수님은 자신의 긍휼로써 우리의 질투심을 자아내서 우리도 그분이 하신 만큼 많이, 높이, 깊이 도달하고 싶은 경쟁 욕구가 생기게 만드는 영적 거인이나 슈퍼스타가 아니다. 그렇다. 예수님은 부르심을 듣고 그에 반응하려는 열망으로 가득 찬 순종적인 종이셨다. 그것이 설사 고통과 고난으로 가는 일이라 할지라도 말이다. 이 열망은 고통을 경험하고 싶어 하는 열망이 아니라, 사랑하는 아버지의 음성에 일편단심으로 귀 기울이고자 하는 열망이다.

우리 안에 있는 그분의 사랑으로

순종을 신적인 긍휼의 핵심 특징으로 보게 되면 우리의 삶을 보는 시각도 새로워진다. 그러한 시각에 따르면 긍휼하신 그리스도를 따른다는 것은 고난을 목적 그 자체로서 추구한다는 것을 의미하지 않는다. 그리스도인들은 고난에 대해 불건전할 만큼 매료된다는 비난을 받아 왔다. 이해할 만한 비난이다. 하지만 고난이 핵심 주제는 아니다. 예수 그리스도와 교제한다는 것은, 고난에 최대한으로 헌신하는 것이 아니라, 그리스도와 함께 두려움 없이 하나님의 사랑의 음성에 귀 기울이는 일에 헌신하는 것이다. 우리가 받은 부르심은 순종—하나님의 끊임없는 사랑을 친밀하고 두려움 없이 듣는 것—으로의 부르심이다.

종종 우리는 고난을 '하나님의 뜻'이라는 맥락에서 '설명하려는' 유혹을 받는다. 그러나 이런 생각은 분노와 절망감을 불러일으킬 뿐만 아니라, 사실 잘못된 것이다. '하나님의 뜻'이라는 표현은 불행한 상황에 갖다 붙일 수 있는 꼬리표가 아니다. 하나님은 고통이 아니라 기쁨을, 전쟁이 아니라 평화를, 고난이 아니라 치유를 가져다주고 싶어 하신다. 그러므로 모든 것을 하나님의 뜻이라고 선언하기보다는, 고통과 고난의 한가운데서 하나님의 사랑 어린 임재를 어떻게 분별할 수 있는가를 질문해야 한다.

그러나 우리의 순종적인 귀 기울임이 결국 우리를 고통받는 이웃에게로 인도한다면, 우리는 사랑이 우리를 거기까지 데려왔다는 사실을 즐겁게 인식하고 그들에게로 갈 수 있다. 우리는 하나님 안에 사랑 외의 무언가가 있을 것이라는 두려움을 갖기 때문에 제대로 듣지 못한다. 이것은 별로 이상한 일이 아니다. 왜냐하면 우리는 질투나 원한, 복수, 심지어는 적개심이 손톱만큼도 개입되지 않은 사랑을 경험해 본 적이 거의 없기 때문이다. 우리는 종종 한계와 조건으로 점철된 사랑을 보곤 한다. 그래서 우리에게 사랑으로 제시된 것들을 의심하는 경향이 있고, 항상 경계 태세를 취한 채 실망할 준비를 하고 있다. 우리 안에 있는 이러한 회의주의는 쉽게 없어지지 않는다. 이 때문에 우리는 단순하게 듣거나 순종하는 일을 어려워한다. 하지만 예수님은 진정으로 듣고 순종하셨다. 왜냐하면 그분은 오로지 아버지의 사랑을 알았기 때문이다. "이는 아버지를 본 자가 있다는 것이 아니니라. 오직 하나님에게서 온 자만 아버지를 보았느니라"(요 6:46). "너희는 그를 알지 못하나 나는 아노니 이는 내가 그에게서 났고"(요 7:28-29).

하지만 더 있다. 예수님은 이 세상에 오실 때 마치 아버지와의 이런 친밀함이 자신의 사적인 영역이기라도 한 것처럼 이 친밀함에 매달려 있지 않으셨다. 예수님은 그 거룩한 순종 속에 우리를 포함시키기 위해 오셨다. 우리를 아버지께로 인도해서 우리도 예수님이 아버지와의 관계에서 누리셨던 것과 동일한 친밀감을 누리기를 원하셨다. 우리가 예수님 안에서 예수님을 통해 하나님의 딸과 아들로서 부르심을 받았음을 인식하게 될 때, 또 완전한 신뢰와 순종으로 우리의 사랑의 아버지이신 하나님의 말씀에 귀 기울이기 위해 부르심을 받았음을 인식하게 될 때, 우리 역시 예수님만큼 긍휼의 사람이 되라는 초대를 받았음을 알게 된다. 순종이 우리의 일차적이고 유일한 관심사가 될 때, 우리도 긍휼 어린 마음으로 세상으로 나아갈 수 있고 세상의 고통을 깊이 느낄 수 있다. 그럴 때 우리의 긍휼을 통해 다른 사람들에게 새로운 생명을 전해 줄 수 있다. 예수님이 다음과 같은 놀라운 말로 이야기하신 것이 바로 그런 의미다. "내가 아버지 안에 거하고 아버지께서 내 안에 계심을 믿으라···내가 진실로 진실로 너희에게 이르노니 나를 믿는 자는 내가 하는 일을 그도 할 것이요 또한 그보다 큰 일도 하리니 이는 내가 아버지께로 감이라. 너희가 내 이름으로 무엇을 구하든지 내가 행하리니 이는 아버지로 하여금 아들로 말미암아 영광을 받으시게 하려 함이라"(요 14:11-13).

우리의 시선을 하나님께 고정시키고

우리는 긍휼을 우리의 사랑 많은 아버지에 대한 순종의 반응으로 봄으로써, 긍휼을 고상한 자기 희생으로 보려는 끊임없는 유혹을 피할 수 있다. 이런 유혹은 아주 크다. 많은 그리스도인들은 고난을 많이 받으면 받을수록 더 좋을 것이라는 생각에 병들어 왔다. 종종 그리스도인들은 스스로 여러 형태의 고통을 겪었는데, 이는 그렇게 함으로써 자신들이 예수 그리스도의 길을 따르고 있다는 잘못된 신념을 가지고 있었기 때문이다. 이러한 자기 패배적인 태도는 많은 비난을 받아 왔다. 이 점에서 프리드리히 니체는 가장 잘 알려진 비판가일 것이다. 그는 이렇게 말한다. "기독교는 완전히 유약하고 열등한 방향으로 경도되었으며, 이것은 완전한 실패다. 기독교는 삶을 보전하려는 강한 생명력이라는 본능과 모순되는 것은 무엇이든 이상으로 삼는다.…기독교의 저변에는 병적인 본능과도 같은 사무치는 적개심이 자리잡고 있는데 그것은 건전한 것과 건강 그 자체에 대

한 적개심이다."⁶

이러한 비판으로 인해 우리는 예수님에 대한 우리의 관점이 십자가에서의 그분의 자발적인 희생에만 제한되는 경향이 있다는 사실을 인식하게 된다. 우리는 이 희생이 사랑하는 아버지에 대한 순종적인 반응이라는 사실을 종종 망각한다. 그 아버지는 자기의 아들을 이 세상에 보내셨을 뿐만 아니라 그를 죽은 자들 가운데서 살리사 자기의 오른편에 앉히신 분이다. 바르트가 예수님의 사명을 비유적으로 표현한 "먼 나라로의 여정"은 사랑의 여정인 것이다. 우리가 합류하도록 부르심받은 것이 바로 이 여정이다. 인간 고통에 참여하는 것 자체를 최종 목표, 목적, 이상으로 삼을 때마다, 우리는 그리스도인 된 우리의 소명을 왜곡할 뿐만 아니라 우리 자신과 동료 인간들에게 해를 끼친다. 성자들과 깊이 헌신된 모든 그리스도인의 삶에는 이 사실이 두드러질 만큼 명료하게 잘 드러난다. 그들의 시선은 고통이 아니라 그리스도께 고정되어 있다. 그들의 질문은 "어떻게 하면 하나님을 위해서 가장 많이 고난받을 수 있을까?"가 아니라 "어떻게 하면 하나님의 음성을 가장 잘 들을 수 있을까?"이다.

한국의 시인인 김지하에 관한 기사를 읽노라면 어떻게 진정한 듣기를 통해 정의를 부르짖는 불굴의 외침으로, 진리를 추구하는 타협 없는 헌신으로 나아갈 수 있는지를 보게 된다. 김지하는 한국 사회에서 자행되는 압제를 반대하는 유창한 비판으로 박정희 정권 때 여러 번의 옥살이와 고문을 당했다. 1976년에는 무기 징역을 선고받기에 이르렀다. 그러나 그의 정신은 여전히 강인했고 희망은 꺾일 줄 몰랐다. 왜냐하면 그는 자신의 고난과 민중의 고난 너머에 있는 예수 그리스도의 고난을 보았기 때문이다. 그의 희곡 "금관의 예수"에는 한국 사회에서 가장 멸시당하던 나병 환자가 등장한다. 그는 정부와 사업가들과 교회 지도자들의 손에 의해 콘크리트 속에 갇힌 예수님을 만나게 된다. 이 나병 환자가 묻는다. "예수님, 어찌하면 예수님이 해방될 수 있습니까? 다시 살아나실 수 있습니까? 어찌하면 다시 살아나 저희들에게 오실 수 있겠습니까?" 그러자 예수님이 대답하신다. "내 힘만으로는 안 된다. 너희들이 나를 해방하지 않으면 안 된다. 안락과 부귀와 영예와 권세를 가까이 하려는 자는 안 된다…눈앞의 모든 백성들이 겪고 있는 비참한 불행을 외면하고 저 혼자서만 천국에 들어가려는 자는 안 된다…가난한 사람들을 위해, 억눌린 사람들을 위해 행동하는 사람, 그리고 너와 같이 가난하고 불쌍하고 핍박받으면서도 어진 사람들밖엔 안 된다. 네가 내 입을 열었다. 네가 내 머리에서 금관을 벗겨 내는 순간 내 입이 열렸다. 네가 나를 해방하리라."[7]

우리는 김지하 같은 증인들의 삶에서 볼 수 있는 위대한 긍홀에 마음 깊이 감동받을 것이다. 하지만 그들 자신은 그런 점에 대한 말을 입 밖에 내지 않는다. 그들은 고난을 즐기는 것이 아니다. 고난에 마음이 끌리지도 않는다. 오로지 고난을 줄이고 약화시키고자 할 따름이다. 하지만 그들은 하나님의 사랑에 너무도 강력하게 이끌린 나머지, 고난과 고통조차도 다만 그들의 소명의 일부, 감수해야 할 때가 오면 기꺼이 받아들일 수 있는 일부로 삼은 것뿐이다.

두려움 없이

우리 시대는 너무도 잔인한 박해들로 가득 차 있어서, 우리가 보거나 듣는 혹독한 고난을 과연 견뎌 낼 수 있겠는지 자문해 보는 것도 당연하다. 우리 자신이 그런 박해에 어떻게 준비되어야 하는지 궁금해지기도 하고, 장차 있을 공포스럽고 비극적인 상황에 우리 자신을 이입해 보기도 한다. 하지만 우리의 최우선 관심사가 삶 속에서 하나님의 음성을 주의 깊게 듣고 그분의 뜻을 지금 여기서 분별하는 것이라면, 이런 근심들은 비합리적이고 초점만 흐리게 할 뿐이다. 우리 내면의 불안과 긴장, 초조함은 상당 부분이 미래에 대한 염려와 관련되어 있다. 때로 우리는 먼 미래의 일을 미리 계획함으로써 이런 염려를 경감시켜 보려 한다. 하지만 미래를 향한 우리의 작업은 근심에 기초해서는 안 된다. 오히려 현재에 가치를 지니는 무언가에 대한 비전에 기초해야 한다. 우리가 단지 현재에 대한 불만족으로 인해 새로운 세상에 대한 계획을 세운다면, 우리는 토머스 머튼(Thomas Merton)이 말한 "조직적인 절망"에 연루될 위험이 있다.

순종이란 오늘 우리에게 말씀하시는 음성에 귀 기울이는 것이며, 우리의 현재 삶 속에서 하나님의 사랑 어린 돌보심을 느끼는 것이다. 순종이란 바로 이 순간에 아버지께서 말씀하시는 바에 완전히 주의를 집중하고, 우리가 감지한 바에 사랑으로 반응하는 것이다. 왜냐하면 하나님은 사랑하시는 우리 아버지시며 그분 안에서는 사랑 아닌 것을 찾아볼 수 없기 때문이다. 공포, 두려움, 근심은 하나님의 임재 앞에 설 자리가 없다. 두려움은 항상 거리감과 분열을 조장한다. 하지만 하나님의 임재 안에서는 두려움이 녹아 없어진다. "사랑 안에 두려움이 없고 온전한 사랑이 두려움을 내쫓나니"(요일 4:18).

우리가 이렇게 하나님의 사랑 어린 임재에 세심한 주의를 기울일 때, 우리 앞에 닥치게 될 고난이 우리의 마음을 어둡게 하거나 우리의 움직임을 마비시키지는 못할 것이다. 우리는 우리가 감당할 수 없을 정도로 고난을 받거나 우리의 힘에 지나도록 시험을 당하지는 않을 것임을 알게 된다. 우리가 두려움에 휘둘려서가 아니라 사랑에 감싸여서 인도를 받을 때, 우리는 칠흑같이 어둡고 고통스러운 곳으로 들어가서 하나님의 강력한 돌보심을 독특한 방식으로 경험할 수 있다. 예수님이 베드로에게 마지막으로 하신 말씀은 이런 진리를 시사하는 가장 강력한 발언이다. 예수님은 "네가 나를 사랑하느냐?"고 베드로에게 세 번을 물어 보신 후에 이렇게 말씀하셨다. "늙어서는 네 팔을 벌리리니 남이 네게 띠 띠우고 원하지 아니하는 곳으로 데려가리라"(요 21:18). 비록 베드로는 원하지 않았지만, 그도 결국은 예수님이 가셨던 십자가의 길로 인도되었다. 그러나 그를 거기까지 인도한 것은 두려움이 아니라 사랑이었기 때문에, 십자가는 이제 패배의 상징이 아니라 승리의 상징이 되었다.

이런 사랑의 실재는 라틴 아메리카에서 끔찍한 고문을 당한 그리스도인들의 이야기에 잘 드러나 있다. 아르헨티나의 가난한 자들 사이에서 몇 년 동안 활동하다가 체포되어 감옥에 갇힌 한 형제는 이렇게 적고 있다. "감옥에 있는 이 시절을 통틀어 우리 그리스도인들의 특징으로 드러난 것은 바로 기도, 좀 더 엄밀하게 말하면 중보 기도였다. 우리의 친구들이 고문을 당하면서 질러대는 절망적인 비명 소리가 들릴 때마다, 그렇지만 아무것도 해 줄 수 없는 철저한 무력함을 경험할 때마다, 기도하면서 하나님께 중보를 드리는 것이야말로 사람이 유일하게 할 수 있는 가치 있는 일이라는 것을 배우게 된다." 그러나 이 편지는 극소수의 사람들만이 경험하는 어두움을 묘사하고 있으면서도, 놀랄 만큼 승리에 찬 어조로 가득 차 있다. 어두움의 한가운데서, 이 무명의 형제는 그의 형제들을 향한 하나님의 사랑과 긍휼을 너무도 새롭고 밀도 있게 느낀 나머지, 다음과 같은 말로 편지를 끝맺고 있다. "정상적인 그리스도인의 세계에서는 참으로 발견하기 쉽지 않은 일이다. 그 세계는 너무도 누추하고 형식적이며, 강렬함이 적고 어수선하다. 감옥에 갇혀 있는 우리들에게는 복음이야말로 악과 미움과 압제에 대적하는 우리의 강력이요 우리의 무기다." 이 편지를 출판한 「가톨릭 일꾼」(Catholic Worker)의 편집자는 이렇게 적었다. "라틴 아메리카의 교회와 더 나아가서 제3세계의 많은 교회들에게는 지금 엄청난 기회가 주어지고 있다. 우리는 감히 그 기회를 부러워하는 바다."[8]

순종함으로써 다른 사람들과 함께 고난받는 것은 바로 긍휼의 하나님을 만나는 길이다. 그 하나님의 사랑이 우리로 하여금 이 세상 한가운데서 살아갈 힘을 주며, 마음 깊은 곳에서 우러나는 기쁨과 감사로 형제 자매들을 섬길 수 있게 해 준다.

하나님은 긍휼의 하나님이시다. 이것은 예수 그리스도 안에서 그리고 그분을 통해 우리에게 주어진 좋은 소식이다. 그리스도는 우리와 함께하시는 하나님으로서, 우리 인간들과 똑같

이 되셨으며 우리와 함께 결속되어 사신다. 그분은 우리의 발을 씻어 주시고 우리의 상처를 고쳐 주시는 종 된 하나님이시며, 다함없는 사랑으로 거룩하신 아버지의 음성을 듣고 그에 반응하는 순종적인 하나님이시다. 우리는 예수 그리스도와의 교제 가운데서, 우리의 아버지가 자비로우시듯 우리도 자비로운 자가 되라는 부르심을 받는다. 우리는 그리스도 안에서, 그리스도를 통해, 하나님의 긍휼을 증거하는 능력 있는 증인이 될 수 있으며 절망적인 세상에서 희망의 상징이 될 수 있다.

2부

긍휼의 삶

4장
공동체

스타는 없다

2부에서 우리가 반추해 보고자 하는 주제는 바로 제자도다. 제자도에 관해서는 여러 가지 형태로 질문해 볼 수 있겠다. "어떻게 하면 우리는 예수님의 부르심, '너희 아버지의 자비로우심같이 너희도 자비로운 자가 되라'는 부르심에 창조적으로 응답할 수 있겠는가? 어떻게 하면 하나님의 긍휼을 우리 삶의 기초이자 근원으로 삼을 수 있겠는가? 매일의 일상 생활에서 하나님의 긍휼 어린 임재를 드러나게 보여 줄 수 있는 영역은 어디인가? 깨어지고 죄인 된 우리 인간들이 예수 그리스도를 따르고, 그리하여 하나님의 긍휼을 보여 주는 일은 어떻게 가능하겠는가? 우리가 동료 인간들과의 결속된 삶으로 들어가서 그들에게 순종적인 섬김을 베푼다는 것은 도대체 무슨 의미인가?"

신약성경을 통해 우리에게 다가오는 메시지는, 긍휼 어린 삶이란 함께하는 삶이라는 점이다. 긍휼은 개인의 인격적인 특질이 아니다. 개인의 태도도, 특별한 재능도 아니다. 그것은 함께 살아가는 생활 방식이다. 바울은 빌립보의 그리스도인들에게 그리스도의 마음을 품고 긍휼 어린 삶을 살아가라고 권면하면서, 그 의미를 구체적으로 설명한다. "아무 일에든지 다툼이나 허영으로 하지 말고 오직 겸손한 마음으로 각각 자기보다 남을 낫게 여기고 각각 자기 일을 돌볼뿐더러 또한 각각 다른 사람들의 일을 돌보아"(빌 2:3-4). 더 나아가서 바울은 긍휼 어린 삶이란 공동체를 이루는 삶임을 강조한다. "그러므로 그리스도 안에 무슨 권면이나 사랑의 무슨 위로나 성령의 무슨 교제나 긍휼이나 자비가 있거든 마음을 같이하여 같은 사랑을 가지고 뜻을 합하며 한마음을 품어"(빌 2:1-2).

정확히 말하자면, 우리는 개인의 의대성과 개인적인 영웅주의라는 측면으로 너무 기우는 경향이 있기 때문에, 긍휼 어린 삶이란 공동체적 삶이라는 사실을 심사숙고하는 것이 중요하다. 우리는 함께 살아가고 함께 활동하는 방식을 통해 세상에서의 하나님의 긍휼 어린 임재를 증거한다. 사도들을 통해 회심한 최초 신자들은 그들 개인의 스타적인 특징으로써가 아니라 공동체 속에서 새로운 삶을 시작함으로써 회심의 증거를 드러냈다. "믿는 사람이 다 함께 있어 모든 물건을 서로 통용하고 또 재산과 소유를 팔아 각 사람의 필요를 따라 나눠 주며 날마다 마음을 같이하여 성전에 **모이기를** 힘쓰고 집에서 떡을 떼며 기쁨과 순전한 마음으로 음식을 먹고 하나님을 찬미하며 또 온 백성에게 칭송을 받으니 주께서 구원받는 사람을 날마다 더하게 하시니라"(행 2:44-47). 하나님의 긍휼은 급진적인 새로운 생활 방식에서 분명하게 드러났다. 그것이 믿지 않는 사람들에게는 너무도 놀랍고 의외여서 그들은 "저들이 얼마나 서로 사랑하는지를 보라"고 말했던 것이다.

긍휼 어린 삶이란 그리스도와의 교제가 그리스도를 따르는 사람들과의 새로운 교제 속에서 드러나는 삶이다. 우리는 긍휼을 개인적인 업적으로 여기는 경향이 너무도 짙어서, 긍휼이 지니는 근본적인 공동체적 본질을 놓치기 쉽다. 자기를 비워 우리와 같이 되시고 십자가에서 죽기까지 자기를 낮추신 예수 그리스도와의 교제로 들어감으로써, 우리는 또한 서로 간의 새로운 교제 속으로 들어가는 것이다. 그리스도와의 새로운 관계와 서로 간의 새로운 관계는 절대로 분리할 수 없다. 그리스도와의 새로운 관계가 서로 간의 새로운 관계로 이끌어 준다고 보는 것만으로는 충분치 않다. 오히려 우리는 그리스도의 마음이 바로 우리를 공동체로 한데 모이게 하는 마음이라고 보아야 한다. 즉, 공동체 속에서의 우리의 삶이 바로 그리스도의 마음을 나타내는 것이다. 이것은 바울이 로마서에서 말한 바와 같다.

너희는 이 세대를 본받지 말고 오직 마음을 새롭게 함으로 변화를 받아 하나님의 선하시고 기뻐하시고 온전하신 뜻이 무엇인지 분별하도록 하라. (롬 12:2)

같은 길을 걸으며

그리스도를 따른다는 것은 서로가 그리스도의 마음으로 관계를 맺는다는 것이다. 즉, 그리스도께서 우리와 관계를 맺으셨던 것처럼 우리도 서로 종 됨과 겸손함으로 관계를 맺는 것이다. 제자도란 같은 길을 함께 걸어가는 것이다. 우리는 여전히 이 세상 **속에서** 살아가고 있지만, 다른 이들이 같은 길을 걷는 동료 여행자임을 발견하고 새로운 공동체를 형성한다. 우리는 여전히 이 세상의 권세에 영향을 받고 인간적인 갈등에 깊이 연루되어 있지만, 새로운 마음을 가졌으며 새로운 백성이 되었고 새로운 방식으로 보고 들으며 새로운 소망을 소유한다. 그리스도와 함께하는 공동의 교제가 있기 때문이다. 따라서 긍휼은 절대로 공동체와 분리될 수 없는 것이다. 긍휼은 항상 공동체 안에서, 새로운 방식의 함께함으로 그 모습을 드러낸다. 그리스도와의 교제는 **바로** 우리의 형제 자매들과의 교제다. 바울이 기독교 공동체를 그리스도의 몸이라고 말할 때 이 의미가 가장 강력하게 표현되었다.

예수 그리스도—그분의 주 되심은 순종적인 섬김에서 나타난다—의 임재는 기독교 공동체의 삶 속에서 우리에게 분명히 드러난다. 우리가 세상의 고통에 마음을 열고 그것을 수용하며 긍휼 어린 반응을 보일 수 있는 것도 바로 기독교 공동체 속에서다. 사람들이 그리스도의 이름으로 함께 모이는 곳에 그분도 긍휼 어린 주님으로서 임재하시기 때문이다(마 18:20을 보라). 예수 그리스도 자신이야말로 하나님의 긍휼의 가장 강력한 현현이시며, 그분은 늘 그러하시다.

예수 그리스도 안에서 계시된 하나님의 긍휼이 기독교 공동체에 의해 시공간 안에 계시된다는 개념은, 우리에게 여러 가지 어려운 문제를 제기한다. 우리 사회에서 긍휼은 공동체적 맥락을 상실했으며, 따라서 종종 그 반대쪽으로 퇴보하고 있다. 오늘날 인간의 고통이 우리에게 전달되는 방식 몇 가지만 살펴보면 긍휼의 공동체적 본질을 좀더 잘 이해할 수 있다.

감각을 무디게 하는 정보의 홍수

우리 시대의 가장 비극적인 사건들 중 하나는, 우리가 이전 어느 때보다도 세계의 고난과 고통에 대해 많이 알고 있으나 그것에 반응하는 비율은 점점 더 낮아지고 있다는 것이다. 라디오, 텔레비전, 신문 덕택에 우리는 세계에서 일어나고 있는 일들을 매일매일—심지어는 매시간—모두 알고 있다. 우리는 무장 충돌과 전쟁, 암살, 지진, 가뭄과 홍수, 기아와 전염병, 강제 수용소와 고문실, 기타 셀 수 없을 정도로 많은 인간 고통에 관한 소식들을 원근 각처에서 듣고 있다. 또 그 소식들을 귀로 듣기만 하는 것이 아니라, 사진을 통해 눈으로 보기도 한다. 굶어 죽어 가는 아기들, 죽어 가는 군인들, 불타는 집들, 홍수에 쓸려 가 버린 마을, 찌그러진 자동차 등. 뉴스는 인간 고통에 관한 일종의 끊임없는 의식(儀式)이 되어 버린 것 같다. 문제는, 이렇게 고도로 복잡한 형태의 통신과 급증한 정보량이 좀더 깊이 있는 결속과 좀더 나은 긍휼로 이어지고 있는가 하는 것이다. 상당히 의구심이 드는 질문이다.

아침 식사 중에 신문을 보거나 출근길에 라디오를 듣는 사람들, 혹은 사무실이나 공장에서 하루 일에 지친 채 집에 돌아와 텔레비전을 보고 있는 수백만 명의 사람들에게서, 과연 긍휼 어린 반응을 기대할 수 있는가? 자기만의 사적인 공간인 집이나 자동차 속에 홀로 고립된 채 엄청나게 많은 인간 고통에 대한 뉴스를 수도 없이 듣는 사람들에게서, 과연 긍휼을 기대할 수 있는가?

일반적으로 사람들이 세상의 고난과 고통에 노출되는 것은 좋은 일이라고 전제할 수도 있겠다. 신문이나 텔레비전 뉴스 관련자들은 물론 고통받는 사람들을 돕는 일을 주 관심사로 삼고 있는 기관들도 이런 전제하에서 행동하고 있는 것 같다. 자선 기관들은 종종 세상 다른 쪽에서 벌어지고 있는 비참한 상황에 대한 설명과 더불어 인간의 존엄성은 거의 찾아볼 수조차 없는 사람들의 사진을 동봉한 편지를 보내기도 한다. 그렇게 함으로써 편지의 수신자들에게 구호 사업에 기금을 보내고자 하는 마음이 생기기를 바라면서 말이다.

그러나 자신이 작고 보잘것없으며 무력하다는 사실을 경험하는 수백만 명의 사람들에게 소식을 전달하는 대중 매체가 사실은 도움이 되기보다 해악을 끼치는 것은 아닌지 우리는 질문하게 된다. 세상의 필요와 개인들의 반응을 연결할 수 있는 공동체가 존재하지 않는 한, 세상이 지고 있는 짐은 우리를 무너뜨리는 짐이 될 뿐이다. 자기들의 작은 공간인 가족이나 친구 관계 내에서 이미 여러 문제들에 짓눌려 있는 사람들에게 세상의 고통이 제시될 경우, 그들에게서 창조적인 반응이 나오리라고 어떻게 기대할 수 있겠는가? 우리가 기대할 수 있는 유일한 반응은 오히려 반대되는 것이다. 바로 무감각과 분노 말이다.

인간의 참상에 지나치게 노출되다 보면 종종 심리적 무감각이 생기기도 한다. 우리가 그 순간에 해야 할 일을 방해하는 그 무언가가 계속 우리를 자극하면, 우리의 정신은 그것을 견뎌 내지 못한다. 아침에 가게 문을 열어야 하고, 볼일을 보러 가야 하고, 수업 준비를 해야 하고, 직장 동료와 대화를 나누어야 하는데, 세상의 여러 가지 참상에 대한 소식들로 마음을 가득 채울 수만은 없는 노릇이다. 만일 우리가 듣는 뉴스의 내용을 우리의 가장 깊은 자아에 다 받아들인다면, 우리는 존재의 부조리함에 압도되어서 마비되고 말 것이다. 신문이나 라디오, 혹은 텔레비전에서 보도하는 것들을 전부 흡수한다면, 우리는 아무 일도 완성할 수 없을 것이다. 효과적인 삶을 지속하려면, 정신적인 여과 장치가 필요한 법이다. 우리는 그 여과 장치를 통해 매일 듣는 뉴스의 영향력을 조절할 수 있다.

하지만 이것이 전부가 아니다. 인간의 참상에 과도하게 노출되는 것은 심리적 무감각뿐만 아니라 적개심으로 이어질 수 있다. 이 말이 좀 이상하게 들릴지도 모르지만, 마음 불편한 정보를 대하는 인간의 반응을 좀더 세밀히 들여다보면, 우리는 인간 고통을 직면할 때 염려보다는 분노가, 동정심보다는 짜증이, 심지어 긍휼보다는 격노가 치미는 것을 깨닫게 된다. 현실적으로 동일시가 불가능한 방식과 규모로 우리에게 전해지는 인간 고통은, 강한 부정적 감정을 자주 유발하곤 한다. 비참한 몰골을 하고 있는 사람들과 대면할 때 종종 인간의 가장 저질스런 충동이 그 모습을 드러내는 경우도 있다. 가장 끔찍한 예가 바로 나치, 베트남, 칠레의 강제 수용소들이다. 이런 곳에서는 고문과 잔혹 행위가 쉽게 자행될수록 수감자들은 더욱 처참해 보인다. 우리가 고통받는 인간들을 더 이상 우리의 동료 인간으로 인식하지 못할 때, 그들의 고통은 긍휼보다는 오히려 역겨움과 분노만 자극할 뿐이다. 그러므로 배고픈 표정으로 길게 줄지어 있는 사람들의 얼굴, 음산한 굴뚝이 있는 어두운 건물들, 벌거벗은 채 바싹 마른 몸으로 죽어 있는 시체더미들보다 안네 프랑크의 일기가 인간의 참상을 이해하는 데 더 큰 역할을 한 것도 이해가 가는 일이다. 안네 프랑크는 이해할 수 있다. 하지만 인간의 시체더미는 역겨울 따름이다.

이런 심리적 무감각과 분노를 어떻게 설명할 수 있겠는가? 무감각과 분노로 반응하는 사람은 이렇게 말하고 있는 것이다. "어차피 그것에 대해 내가 아무것도 할 수 없는데, 도대체 왜 날 못살게 구는 거요?" 인간의 고통에 직면하는 동시에 우리의 무력함을 상기할 때, 우리는 우리 존재의 핵심을 공격당한 느낌을 받고 뒤로 주춤하면서 무감각과 분노로 자신을 방어한다. 긍휼이 고통받는 동료 인간들과 결속되는 길로 들어서는 것을 의미한다면, 뉴스 매체들을 통해 점점 더 많이 접하게 되는 인간의 고통이 긍휼을 불러일으킬 수는 없다. 이 세상에서 어떤 일들이 벌어지고 있는지를 가장 잘 알고 있는 사람들―신문, 라디오, 텔레비전에 상당히 많은 관심을 기울이는 사람들―이 반드시 가장 긍휼이 많은 사람들은 아닌 것이다.

매체를 통해 알게 된 사실들에 긍휼 어린 마음으로 반응하기가 한층 더 어려운 이유는 그 매체들의 '중립성' 때문이다.

저녁 시간의 뉴스가 그 좋은 예다. 뉴스 특파원은 어떤 사실을 보도하든—전쟁, 살인, 홍수, 날씨 그리고 축구 점수에 이르기까지— 모두 똑같이 의례화된 어조와 표정으로 보도한다. 더 나아가서 사건들의 설명에는 일정한 의식적 순서가 있다. 우선 국내외의 갈등과 관련된 굵직한 뉴스들, 그 다음에 좀더 마음 편한 사건들, 그 다음에 증권 시장과 날씨, 그리고 나서 짤막한 덕담과 마지막으로 가볍고 재미있는 이야기 한 토막. 그리고 뉴스 사이사이에는 꼭 필요한지도 의심스러운 상품을 사라고 권유하며 밝게 웃는 얼굴들이 규칙적으로 등장한다. 이 총체적인 '서비스'는 너무도 거리감이 있고 동떨어진 것이어서, 대부분의 사람들은 그런 것들에 에너지를 쏟느니 차라리 양치질이나 하고 잠자리에나 들자는 식의 반응을 보인다.

하지만 예수님은 먹을 것이 없는 무수한 무리를 보시고 마음이 움직이셨다(마 14:14). 그러므로 우리의 질문은, 어떻게 하면 우리도 예수님처럼 이 세상에 있는 고통을 보고 마음이 움직일 수 있겠는가 하는 것이다. 보는 것은 많으나 마음이 움직인 적은 거의 없는 오늘날과 같은 시대일수록 이것은 시급한 질문이 아닐 수 없다.

중재자로서의 공동체

기독교 공동체는 세상의 고통과 그 고통에 대한 우리 개인의 반응 사이에서 중재자 역할을 한다. 기독교 공동체는 중재하시는 그리스도의 살아 있는 임재이기 때문에, 우리는 그 공동체 덕택에 인류 가족의 고통스런 상황을 충분히 인식하면서도 그 인식 때문에 마비되지 않을 수 있다. 기독교 공동체 안에서, 우리는 세상에서 벌어지는 모든 일에 눈과 귀를 계속 열어 놓을 수 있으며, 매체의 과도한 자극에 무감각해지거나 우리의 무력함 때문에 분노하지 않을 수 있다. 기독교 공동체 속에서 우리는 기아와 압제, 고문과 핵의 위협을 알게 되지만 그렇다고 해서 운명론적으로 자포자기하고 뒤로 물러선 채 자기의 생존에만 몰두하지는 않는다. 기독교 공동체 속에서, 우리는 지레 질려 버리지 않으면서 우리 사회의 상황을 충분히 이해할 수 있게 된다.

이 점은 조 마리노(Joe Marino)가 확실하게 보여 주었다. 그는 신학을 공부하는 미국인 학생으로서 캘커타에 가서 가난한 사람들과 함께 살고 일하는 경험을 했다. 자선 선교 형제회(Missionary Brothers of Charity)는 그에게 환대를 베풀었다. 그는 이루 말로 할 수 없는 인간의 참상 속에서, 공동체의 중재하는 능력을 발견하였다. 그는 일기에 다음과 같이 적고 있다.

어느 날 밤 나는 예술라오 형제와 긴 대화를 나누었다. 그는 말하기를, 한 형제가 동료 형제들과 함께하는 사역을 제대로 하지 못하고 평화롭게 지내지도 못하면, 그는 떠나 달라는 요청을 받게 된다고 했다.…비록 그가 가난한 사람들 사이에서 탁월하게 일을 잘할지라도 말이다.…이틀이 지난 밤에도 나는 월리 형제와 함께 산책을 하였는데, 그는 형제들과 함께 사는 삶이야말로 자신에게 제1순위라고 말했다. 그는 항상 형제들을 사랑하라는 도전을 받는다. 그는 함께 살고 있는 형제들을 사랑하지 못한다면 어떻게 길거리에 있는 사람들을 사랑할 수 있겠느냐고 말했다.[9]

기독교 공동체 속에서, 우리는 그리스도의 이름으로 모이며 고통받는 세상에서 그분을 경험한다. 그 속에서, 세상의 고통을 충분히 인식하지 못하는 우리의 낡고 유약한 자아는, 인간적인 조건을 전혀 낯설어하지 않으셨던 그리스도의 마음으로 변화된다. 공동체 속에서 우리는 더 이상 무력한 개개인으로 구성된 군중이 아닌, 하나된 하나님의 백성으로 변화된다. 공동체 속에서 우리의 두려움과 분노는 무조건적인 하나님의 사랑에 의해 변화된다. 그리고 우리는 하나님의 다함 없는 긍휼을 드러내는 온유한 현현이 된다. 공동체 속에서 우리의 삶은 긍휼 어린 삶이 된다. 왜냐하면 우리가 함께 살고 함께 사역하는 노정 중에, 하나님의 긍휼이 깨어진 세상 한가운데 임재하시기 때문이다.

여기서 바로 긍휼 어린 삶의 가장 심오한 의미가 드러난다. 우리는 함께하는 삶을 통해 거룩한 긍휼에 참여하는 자들이 된다. 이러한 참여를 통해 그리스도의 멍에와 짐—이는 모든 시간과 장소에 존재하는 모든 인간의 고통이다—을 질 수 있게 된다. 그러면서 그분의 멍에는 쉽고 그분의 짐은 가볍다는 것을 깨닫는다(마 11:30).

우리가 우리의 제한된 자원에 의존하는 한, 세상은 겁나는 장소가 되고 우리는 고통스런 상황을 피하려고 애쓸 것이다. 하지만 일단 하나님의 긍휼에 참여하는 자들이 되면, 우리는 세상에서 가장 은밀한 구석진 곳까지 깊이 들어갈 수 있고 그리스도께서 하신 사역과 동일한 사역을 수행할 수 있다. 사실 우리는 그보다 더 큰 일도 할 수 있다!(요 14:12)

진정한 기독교 공동체가 형성되는 곳마다, 세상에는 긍휼이 **생겨난다.** 초기 기독교 공동체에서 흘러나온 에너지는, 그 에너지에 접촉한 모든 사람을 변화시키는 영향력을 지닌 진정 거룩한 에너지였다. 사람들이 그리스도의 이름 아래 하나로 뭉쳐 겸손하고 온유한 마음으로 그리스도의 멍에를 메는 곳이면 어디서나(마 11:29) 그와 동일한 에너지가 계속 그 모습을 드러낸다. 이것은 베네딕트(Benedict)와 스콜라스티카(Scholastica)와 그들의 추종자들, 혹은 프란체스코(Francis of Assisi)와 클라라

(Clare)와 그들의 형제 자매들에게서뿐만 아니라, 자신들의 낡고 불안한 사고 방식을 버리고 그리스도 안에서 서로를 발견하는 사람들이 있는 곳이라면 어디서든지 그러하다.

하나님의 긍휼이 드러나는 곳은 바로 공동체 안이기 때문에 결속, 종 됨, 순종은 우리의 함께하는 삶에서도 주된 특징이 된다. 결속은 개인적으로는 이루어 내기가 어렵다. 우리가 개인으로서 동료 인간들의 고통과 아픔에 들어가기란 참으로 어렵다. 하지만 그리스도의 이름으로 모인 공동체에는, 우리와 다른 사연을 가진 다른 곳에서 온 사람이 들어와도 하나님의 긍휼 어린 임재를 경험할 수 있는, 제한 없는 공간이 있다. 단지 후한 개인 한 사람의 행동 때문이 아니라 공동체적 삶에서 풍기는 눈에 보이지 않는 분위기 때문에 사람들에게 긍휼이 실재로 다가오는 경우가 종종 있는데, 이것은 커다란 신비가 아닐 수 없다. 어떤 교구나 기도 모임, 가족이나 가정, 수녀원이나 수도원에는 진정으로 치유하는 능력이 있는데, 이 능력은 그 구성원들과 방문객들 양쪽 다 자신들이 이해받고 받아들여지며 보살핌과 사랑을 받고 있다고 느끼도록 해 준다. 사람들 개개인이 보이는 친절은 이러한 치유 능력의 원인이라기보다는 그것의 표현인 경우가 종종 있다.

종 됨 역시 공동체적 자질이다. 개인의 섬길 수 있는 능력은 상당히 제한적이다. 우리는 일정 기간 몇 사람을 섬길 수는 있다. 하지만 모든 사람에게 항상 섬김으로써 반응한다는 것은 현실성 있는 인간적 바람이 아니다. 그러나 우리가 **우리**라는 언어로 말하기 시작하는 순간부터, 이야기는 달라진다. 공동체로서 우리는 각자의 한계를 초월해서, 자기를 비우신 그리스도의 길을 구체적으로 실현한다. 이러한 공동체적 실현은 구성원 각 개인의 일상적인 일 속에서 구체적인 표현으로 나타난다. 어떤 사람들은 십대 사역을 잘하고, 어떤 사람들은 노년층 사역을 잘한다. 또 어떤 사람들은 입원 환자들과 관련된 사역을 잘하고 어떤 사람들은 수감자들과 관련된 사역을 잘한다. 우리는 개인으로서는 모든 사람에게 모든 것이 되어 줄 수 없지만, 공동체로서는 정말로 아주 다양한 필요를 가지고 있는 사람들을 섬길 수 있다. 게다가 공동체의 지속적인 후원과 격려를 통해, 섬김에의 헌신을 충실하게 유지할 수 있다.

마지막으로, 성부의 말씀을 주의 깊게 듣는 순종이야말로 상당히 공동체적인 소명임을 인식해야만 한다. 공동체가 세상의 필요에 민감하고 개방적인 자세를 유지하는 비결은, 바로 지속적인 기도와 묵상이다. 우리를 혼자 놔둔다면, 우리는 우리의 특정한 사역 형태나 스타일을 쉽게 우상화하고, 그래서 우리의 섬김을 개인의 취미로 전락시킬 것이다. 그러나 우리가 하나님의 말씀을 듣고자 하여 그리고 우리 가운데 계시는 하나님의 임재를 경축하고자 하여 정규적으로 함께 모일 때면, 그분의 인도하시는 음성에 늘 민감하며 안락한 장소를 떠나 미지의 영토로 나아가게 된다. 우리가 순종을 일차적으로 공동체적인 특징으로 인식한다면, 공동체 속에 있는 다양한 구성원들 간의 관계도 훨씬 더 부드러워질 수 있다. 그때 우리는 함께 우리를 향한 하나님의 뜻을 분별하기를 바라며, 우리의 섬김이 우리 가운데 계신 하나님의 긍휼 어린 임재에 대한 반응임을 깨닫는다.

이렇게 예수 그리스도의 삶 속에서 우리에게 계시된 하나님의 결속, 종 됨, 순종은 공동체 안에서 이루어지는 긍휼 어린 삶의 특징이다. 공동체 안에서 그리고 공동체를 통하여, 이런 특징들은 서서히 우리 개인의 삶에서도 실제적이며 통합된 부분으로 자리 잡게 된다.

소속감

이 시점에서 떠오르는 질문은 바로 "어떻게 공동체를 세울 수 있겠는가? 공동체가 생겨나게 하려면 우리는 무엇을 해야만 하는가?"다. 그러나 이런 질문들은 간절한 마음에서 비롯된 것이긴 하겠지만, 사실 보기만큼 실제적이거나 유익하지는 않다. 우리는 좀더 관조적인 질문을 던져야 할 것이다. "우리는 어디에서 공동체가 생겨나고 있는 모습을 보는가?" 우리가 일단 우리에게 있는 공동체라는 실재에 민감해지기만 하면, 공동체의 성장과 발전에 가장 적합한 출발점을 찾아내기는 더 쉬울 것이다. 어떻게 하면 토양을 비옥하게 할 수 있을까를 걱정하기보다는 이미 무언가가 자라고 있는 땅에 씨를 뿌리는 것이 훨씬 이치에 닿는다.

트라피스트회(Trappist) 수사인 토머스 머튼의 삶은 여기서 아주 유익한 실례가 될 것이다. 1960년대에 가장 영향력 있는 사회 비평가 중의 한 사람이었던 머튼은 신문을 거의 읽지 않았고, 텔레비전과 라디오는 전혀 접하지 않았다. 그럼에도 불구하고 그는 세상의 필요들에 긍휼로 반응했다. 머튼은 자기 시대의 사건들을 충분히 들을 수 있었고, 동료 인간들에게 어떻게 순종 어린 섬김을 베풀지를 고독 속에서 분별할 수 있었다. 여기서 중요한 것은, 머튼이 매체들을 통해서가 아니라 특정 사건들에 개인적으로 연루되어 있는 친구들이 쓴 편지들을 통해서 세상의 고통을 알게 되었다는 사실이다. 이런 친구들에게는 반응을 보이는 것이 가능하다. 인간 고통에 관한 정보가 우리가 품을 수 있는 한 개인을 통해서 우리에게 전해질 때, 그 정보는 인간적인 정보가 된다. 편지는 삶을 인간적인 차원으로 끌어들인다. 머튼의 경우에는 편지가 전 세계 각양각색의 사람들로부터 날아들었다. 여러 대륙에 있는 수도원과 수녀원, 인생을 어떻게 보내야 할지 몰라서 방황하는 젊은이들, 제임스 볼드

윈(James Baldwin)과 에벌린 워(Evelyn Waugh) 같은 소설가들, 자크 마리탱(Jacques Maritain)과 장 르클레르크(Jean Leclercq)와 같은 학자들, 시인과 선지자들, 종교적·비종교적·반종교적인 사람들, 추기경과 주교들, 그리스도인과 불교도들 그리고 이름조차 알 수 없는 많은 가난한 사람들이 그에게 편지를 보냈다. 이런 사람들이 보낸 편지에서 머튼은 고통스런 세상, 기쁨이 가득한 세상을 보았다. 그는 진짜 얼굴과 진짜 눈물 그리고 진짜 웃음을 지닌 살아 있는 사람들의 진짜 공동체 속으로 이끌려 들어왔다. 때때로 머튼은 자기 친구들을 수도원으로 초대해서 함께 기도하고 세상의 고통에 대해 이야기하며 서로에게 새로운 희망과 새로운 힘을 주려고 애썼다. 그리고 이런 소규모의 피정은, 매우 적극적이고 때로는 위험스럽기까지 한 삶을 살았던 사람들에게 매우 의미 있는 것이었음이 드러났다. 그들은 서로 든든한 지원을 주고받았던 것이다. 오늘날 용기와 불굴의 의지로 잘 알려져 있는 많은 사람들은 이러한 공동체 경험에서 영감을 얻었다.

이것은 긍휼 어린 삶에서 공동체가 차지하는 중요성을 보여 주는 한 가지 실례에 불과하다. 편지나 피정도 공동체 속에 들어가는 방법이기는 하지만, 그 외에도 방법은 많이 있다. 우리는 공동체라고 하면 한 집에서 함께 사는 것, 함께 음식을 먹고 기도하는 것, 혹은 어떤 일을 함께 하는 것만 생각하는데,

그런 생각은 피해야 한다. 이런 것들도 공동체의 진정한 표현일 수는 있지만, 공동체는 훨씬 더 심오한 실재다. 함께 사는 사람들이라고 해서 반드시 공동체를 이루고 사는 것은 아니다. 그리고 혼자 사는 사람이라고 해서 반드시 공동체 없이 사는 것도 아니다. 물리적으로 멀고 가까움은 두 번째 문제다. 공동체의 가장 우선적인 특성은 하나님에 의해 함께 모였다는 깊은 의식이다. 프란치스코 하비에르(Francis Xavier)는 복음을 전하기 위해 혼자 여러 대륙을 여행할 때도, 자신이 기도와 형제애적인 보살핌으로 자기를 후원하고 있는 공동체에 소속되어 있다는 굳은 확신을 지니고 있었다. 힘들고 외로운 과업 중에도 엄청난 인내심을 발휘하는 많은 그리스도인들은 공동체와의 깊은 결속에서 그 힘을 얻으며, 그 공동체의 이름으로 자신의 일을 해낸다.

여기서 우리는 오늘날 그리스도인의 삶에서 가장 중요한 영역 중의 하나를 다루고 있는 것이다. 아주 너그러운 많은 그리스도인들은 자신이 점점 더 지치고 기운이 떨어지는 것을 느낀다. 맡은 일이 힘들거나 성공하지 못해서가 아니라, 고립되어 있고 지원받지 못하며 혼자 버려져 있다는 느낌 때문이다. "제가 하는 일에 관심 있는 사람이 도대체 한 사람이라도 있는지 모르겠어요. 내 상관, 고향에 있는 친구들, 혹은 나를 보내 준 사람들이 도대체 나에 대해 생각이나 하는지, 나를 위해 기도나 하는지, 나를 그들 삶의 일부로 생각이나 해 주는지 도무지 모르겠어요"라고 말하는 사람들이야말로 정말 영적인 위험에 처한 사람들이다. 우리는 많은 힘든 일을 할 수 있고, 많은 어려움을 참아 낼 수 있으며, 많은 장애물을 극복할 수 있고, 많은 압박을 인내할 수 있다. 하지만 서로를 보살피고 지지해 주며 기도해 주는 공동체에 속해 있다는 것을 더 이상 경험하지 못하면, 우리는 금방 신앙을 잃는다. 이것은 하나님의 긍휼 어린 임재에 대한 믿음과, 우리가 소속되어 있는 공동체 속에서 하나님의 임재를 경험하는 것이 결코 분리될 수 없기 때문이다. 오늘날 다른 사람들을 보살필 줄 아는 많은 그리스도인들이 삶 속에서 처한 위기는, 바로 어디에도 소속되어 있지 않다는 깊은 의식과 긴밀히 연결되어 있다. 보살피는 공동체의 보냄을 받았다는 의식 없이는 긍휼 어린 삶은 오래 지속될 수 없으며, 이내 무감각과 분노로 얼룩진 삶으로 퇴보하고 만다. 이것은 단순히 심리학적 관찰에서 나온 것이 아니라, 신학적 진리다. 왜냐하면 보살피는 공동체와의 생생한 관계 없이는 그리스도와의 생생한 관계도 불가능하기 때문이다.

이제 우리는 공동체적 삶의 역동성을 좀더 면밀히 살펴볼 것이다. 그러기 위해서는 먼저 하나님의 긍휼이 눈에 보이게 나타나는 성숙한 공동체를 이루는 두 개의 기둥에 대해 말해야 할 것이다. 그 두 개의 기둥은 바로 이동과 함께함이다.

5장

이동

평범하고 적당한 자리를 떠나 이동하기

공동체라는 말은 일반적으로 지원과 양육을 제공하며 함께 살고 일하는 모습을 표현한다. 누군가가 "나는 여기서 공동체 의식이 아쉬워요. 좀더 나은 공동체를 세우기 위해 무언가 해야 하지 않을까요?"라고 말한다면, 그 사람은 아마도 소외, 외로움, 혹은 상호 간의 지원과 협력의 결핍으로 고통받고 있을 수 있다. 공동체를 향한 바람은 대체로 하나됨에 대한 갈망, 받아들여진다는 느낌, 편안함을 느끼는 경험 등이다. 그러므로 현대의 삶을 바라보는 몇몇 비판적인 관찰자들이 **공동체**라는 말이 감상주의, 낭만주의, 심지어는 우울증을 연상시킨다고 보는 것도 이상할 건 없다.

그러나 긍휼이라는 맥락에서 공동체의 의미를 반추해 보려면, 이러한 자연 발생적인 연상을 훨씬 뛰어넘어야 한다. 공동체란 기본적으로 무언가 따뜻하고 부드럽고 편안하며 안락하고 보호받을 수 있는 곳이라고 생각하는 한, 공동체는 절대로 하나님의 순종적인 종 됨이 드러나는 장소가 될 수 없다. 개인의 상처를 치유하는 데 우선 순위를 두고 공동체를 형성하면, 그 공동체는 다른 사람들의 고통에 대해 효과적으로 결속 의지를 실현할 수 있는 곳이 되지 못한다.

기독교 공동체의 역설은 구성원들이 자발적인 이동(displacement)을 선택함으로써 함께 모인다는 것이다. 기독교 공동체를 형성하는 사람들의 함께함은 바로 이동 안에서의 함께함이다. 웹스터 사전의 정의에 따르면, 이동이란 평범한 혹은 적당한 장소에서 이사하거나 옮겨 가는 것을 의미한다. 우리가 우리 시대의 편만한 규범과 가치관에 적응하는 데 얼마나 마음을 쏟고 있는지 그 정도를 알게 되면, 이 말의 진정한 의미를 알 수 있다. 우리는 평범하고 적당한 삶을 사는 평범하고 적당한 사람이 되고 싶어 한다. 평범하고 적당한 일을 하라는—심지어는 남보다 뛰어나려고 노력하는 것도 평범하고 적당한 일이다—압박과 그리하여 일반적으로 받아들여지는 데 만족하라는 압박을 우리는 엄청나게 받는다. 이것은 이해할 만한 일이다. 왜냐하면 평범하고 적당한 삶을 가능하게 하는 평범하고 적당한 행동은, 만사가 우리의 통제 아래 있으며 예외적이고 부적당한 모든 것은 우리가 스스로 창조해 낸 요새에 들어오지 못하게 막을 수 있다는 안온한 환상을 주기 때문이다.

그러나 공동체를 향한 주님의 부르심은 이렇게 평범하고 적당한 장소에서 나와 이동하라는 부르심이다. 너의 아버지와 어머니를 떠나라. 죽은 자는 죽은 자들이 장사 지내게 하라. 손에 쟁기를 잡고 뒤를 돌아보지 말라. 네가 소유한 것을 팔아서 가난한 자들에게 나누어 주고 너는 나를 따르라(눅 14:26; 9:60, 62; 18:22). 복음은 우리에게 이런 음성을 집요하게 들려주면서, 안락한 곳, 우리가 계속 머물고 싶어하는 곳, 우리가 편안하게 느끼는 곳에서 떠나 이동하라고 초청한다.

이것이 왜 그렇게 중요한가? 이것이 중요한 이유는, 우리가 자발적인 이동을 통해서 '착실한 생활'에 대한 환상을 던져 버리고 우리의 진정한 조건을 경험하기 시작하기 때문이다. 그 조건이란 우리도 다른 모든 사람과 마찬가지로 여정 중에 있는 순례자들이며 은혜가 필요한 죄인들이라는 사실이다. 자발적인 이동을 통해서, 우리는 거짓된 안락함에 속아 안주하려는 경향, (모든 사람이 공유하는) 근본적으로 안주할 수 없는 우리의 위치를 망각하는 경향에 맞선다. 자발적인 이동을 통해 우리는 우리 내면의 깨어진 마음을 실존적으로 인식하고, 그리하여 동료 인간들의 깨어짐에 좀더 깊이 결속한다. 그러므로 긍휼이 일어나는 장소로서의 공동체에게, 이동은 필수다. 교회를 뜻하는 단어인 '에클레시아'(*ekklesia*; *ek*, 밖으로, *kaleo*, 부르심)는 다음과 같은 의미를 지닌다. 즉, 기독교 공동체로서 우리는 익숙한 장소에서 떠나 알지 못하는 영토로, 평범하고 적당한 장소에서 떠나 상처 입은 사람들이 있는 곳으로, 그들과 함께 인간으로서의 공통적인 깨어짐과 공통적인 치유의 필요성을 경험할 수 있는 곳으로 가라고 함께 부르심을 입은 자들이라는 것이다.

공동체는 자발적인 이동을 통해 형성되고, 깊어지고, 강해진다. 우리는 자발적인 이동을 통해, 서로가 기쁨과 슬픔을 함께 나눌 수 있는 한 인류 가족의 구성원임을 발견한다. 우리가 다시 평범하고 적당한 것으로 되돌아가고 싶어 할 때마다, 우리가 정착하여 편안함을 느끼기를 갈망할 때마다, 우리는 우리 사이에 그리고 다른 사람들과의 사이에 벽을 쌓게 되고, 공동체를 파괴하며, 긍휼을 기본적으로 경쟁적인 삶 속에 들어 있는 부드러운 일부분으로 전락시키게 된다.

이동하신 주님을 따라

특별한 사건으로서가 아니라 생활 방식으로서의 자발적인 이동은 제자도의 특징이라 할 수 있다. 우리 주님은 실로 이동하신 주님이시다. 우리는 시공간 속에서 바로 그분의 긍휼을 드러내고자 하는 것이다. 바울은 예수님을 자발적으로 이동하신 분으로 기술하고 있다. "그는 근본 하나님의 본체시나 하나님과 동등됨을 취할 것으로 여기지 아니하시고 오히려 자기를 비워 종의 형체를 가지사 사람들과 같이 되셨고"(빌 2:6-7). 이보다 더 위대한 이동은 생각할 수도 없다. 성육신의 신비는 바로 하나님이 자신에게 적당한 장소에 머물러 계시지 않고 고통받는 인간의 조건 속으로 이동하셨다는 것이다. 하나님은 천상의 자리를 **포기하시고** 유한한 인간들 속에 있는 겸손한 자리를 택하셨다. 하나님은 스스로 이동하심으로써 모든 인간적 조건을 받아들이셨고, 우리 인간의 깨어진 상태를 충분히 경험하실 수 있었다.

우리는 예수님의 생애에서, 이러한 거룩한 이동이 어떻게 인간의 이야기 속에서 눈에 보이게 되었는지를 본다. 예수님은 어린 아기일 때 헤롯의 위협으로부터 보호받기 위해 애굽으로 피신하신다. 소년 시절에는 자기 부모를 떠나 성전에 머물면서 박사들의 가르침을 듣고 그들에게 질문도 하신다. 성인이 되신 예수님은 40일 동안 광야로 나가 금식하며 사탄의 시험을 받으신다. 이어지는 사역 기간에도 예수님은 자신의 부르심에 충실하기 위해서 계속 권력, 성공, 인기로부터 빠져나와 이동하신다. 예수님의 치유 능력 때문에 사람들이 흥분하자, 예수님은 그들로 하여금 자신들의 죄에 직면하게 하시고 그리하여 그들의 분노를 사시고도 개의치 않으신다. 무리가 예수님이 그들에게 떡을 먹이시는 능력에 너무도 감동을 받은 나머지 예수님을 왕으로 모시려 하자, 예수님은 거기서 이동하여 그들에게 영생을 주는 양식을 위하여 일하라고 도전하신다. 예수님의 제자들이 재빠른 승리를 바랄 때, 예수님은 고통과 죽음에 대해 말씀하신다. 그리고 마지막으로 이러한 이동은 예수님을 십자가로까지 인도하였다. 거기서 예수님은 모든 이들로부터 거부당하시고 하나님께도 버림받았다고 느끼시면서, 가장 심하게 이동한 인간이 되신다. 이리하여 예수님의 이동은 베들레헴에서의 출생에서 시작하여 예루살렘 성벽 밖에 있는 십자가에서의 죽음에서 가장 완전하게 표현된다. 바울은 이러한 신비를 다음과 같은 말로 표현하였다. "사람의 모양으로 나타나사 자기를 낮추시고 죽기까지 복종하셨으니 곧 십자가에 죽으심이라"(빌 2:8).

예수 그리스도는 이동하신 주님이시며 그 안에서 하나님의 긍휼은 육신이 된다. 그 안에서 우리는, 충만한 데까지 이르도록 살아 내신 이동의 삶을 본다. 기독교 공동체는 바로 이동하신 우리 주님을 따름으로써 형성된다.

관심의 대상에서 사라지기

이제는 이동이 긍휼 어린 공동체의 한 방식이 되는 길을 좀더 깊이 살펴보아야겠다. 첫눈에 보기에 이동은 분열되는 것처럼 보인다. 혹독하고 잔인한 이동을 경험한 많은 사람들은 이동이 가정 생활을 불안정하게 만들고 안전감을 파괴하며 많은 분노와 원한을 유발하고, 그들의 삶이 회복될 수 없을 만큼 해를 입었다는 느낌을 갖게 만들었다고 증거할 수 있다. 그러므로 이동한 사람들이 반드시 긍휼 어린 사람이 되는 것은 아니다. 많은 사람들이 오히려 두려움으로 가득하고 의심이 많아지며 쉽게 불평한다. 수백만 명이 이동을 겪는 세상에서 우리는 이동을 낭만적으로 생각하거나, 긍휼의 삶을 살고자 하는 사람들에게 줄 수 있는 쉬운 처방으로 생각하지 않도록 조심해야 한다.

하지만 우리는 또한 특별히 폭력적이고 잔인한 이동이 그렇게도 많은 세상에서, 자발적인 이동으로의 부르심이야말로 현대 사회에 시사하는 바가 크다는 점을 말하지 않을 수 없다. 이것은 분명히 분열적인 행위로의 부르심이 아니라, 분열된 삶을 사는 수백만 명의 사람과의 결속으로의 부르심이다.

자발적인 이동의 역설은 바로 다음과 같은 점에 있다. 즉 처음에는 그것이 우리를 이 세상—아버지, 어머니, 형제, 자매, 가족, 친구들—과 갈라 놓는 것처럼 보이지만, 사실은 우리 자신을 이 세상과 더욱 깊이 연합되게 해 준다는 점이다. 자발적인 이동은 긍휼 어린 삶으로 나아간다. 왜냐하면 그것은 우리를 남과 다른 위치에서 떠나 같은 위치로, 특별한 자리에서 떠나 어느 곳으로든 가도록 해 주기 때문이다. 이러한 움직임은 토머스 머튼이 잘 설명했다. 트라피스트회 수사로 20년 동안 산 후에 그는 『칠층산』(The Seven Storey Mountain)이라는 책의 일본어판 서문을 썼는데, 거기서 이렇게 말한다. "나의 수도원은… 내가 은둔과 긍휼을 통해 세상 어디에나 있기 위해서, 이 세상의 관심의 대상에서 물러나는 곳이다."[10] 은둔과 긍휼을 통해 세상 어디에나 있기 위해서 이 세상의 관심의 대상에서 물러나는 것, 이것이야말로 그리스도인의 삶의 기본적인 움직임이다. 이것이야말로 공동체와 긍휼로 인도하는 움직임이다. 이것이야말로 우리가 이전에는 느끼지 못했던 것을 다른 사람들과 더불어 느끼고, 이전에는 보지 못했던 것을 다른 사람들과 더불어 보게 해 준다.

이것이 우리 개개인에게 함축하는 의미는 우리의 특수한 환경과 우리를 향한 하나님의 부르심에 대한 구체적인 이해에 따라 천차만별이다. 토머스 머튼의 경우, 자발적인 이동이 가르치는 위치에서 떠나 트라피스트 수도원으로 들어가는 것이었다는 사실은 이차적인 것이다. 마르틴 루터에게 자발적인 이동은 수도원을 떠나 성직자들의 추잡한 행태를 고발하는 것을 의미했다. 디트리히 본회퍼(Dietrich Bonhoeffer)의 경우에는 미국에서 독일로 돌아와 나치 치하의 수감자가 되는 것을 의미했고, 시몬느 베이유(Simone Weil)에게는 중산층 환경을 떠나 평범한 노동자로서 공장에서 일하는 것을 의미했다. 마틴 루터 킹에게 자발적 이동은 흑인으로서의 '평범하고 적당한' 자리를 떠나 저항의 행렬을 주도하는 것을 의미했다. 하지만 많은 사람들의 경우에는 자발적 이동이 물리적 이동을 의미하지 않을 수도 있다. 단지 그들의 실제적 이동에 대한 새로운 태도 그리고 찬란하지 않은 자신의 삶을 충실하게 견디는 것을 의미할 수도 있다. 이런 사람들은 유명하건 유명하지 않건 그 누구도 세상을 포기하려 하지 않았다. 그들은 자신의 책임으로부터 도피하고 싶어 하지 않았다. 그들은 자기 시대의 엄청난 고통과 문제에 대해 눈을 감으려 하지 않았다. 그들은 경건주의나 자기 중심적 성찰에만 머물지 않았다. 그들의 유일한 목표는 관심의 대상에서 물러나는 것이었다. 그것은 바로 경쟁의 대상, 사고 팔 수 있으며 선용되기도 하고 오용되기도 하며, 측정되고 비교되어 평가되고 무게를 달 수 있는 대상에서 물러나는 것이었다. 그럼으로써 그들은 은둔과 긍휼을 통해 인류 가족의 진정한 일원이 된다. 인생에서 우리의 최우선 관심사가 재미있게 살고 특별한 관심을 받으면서 사는 것인 한, 긍휼은 그 모습을 드러낼 수 없다. 그러므로 긍휼을 향한 움직임은 언제나 우리를 관심의 대상으로 삼기 원하는 세상과 거리를 유지하는 데서 시작된다.

자발적인 이동이 기독교 역사에서 감당했던 위대한 역할을 짚고 넘어가는 것은 가치 있는 일이다. 베네딕트는 수비아코로, 프란체스코는 카세리로, 이그나티우스(Ignatius)는 만레사로, 샤를 드 푸코(Charles de Foucauld)는 사하라로, 존 웨슬리(John Wesley)는 영국의 가난한 지역으로, 마더 테레사(Mother Teresa)는 캘커타로 그리고 도로시 데이(Dorothy Day)는 보워리로 갔다. 이들은 자신을 따르는 사람들과 함께 평범하고 적당한 위치에서 떠나, 깨어진 인간 조건을 가장 눈에 띄게 지니고 있는 사람들과 함께하고자 하는 자신의 긍휼 어린 결속 의지를 표현하고 경험할 수 있는 곳으로 갔다. 자발적인 이동이야말로 모든 위대한 종교 개혁의 원천이라고 말할 수 있다.

아시시의 성 프란체스코

가장 도전적이고 영감 어린 이동의 실례는 바로 아시시의 성 프란체스코다. 1209년, 부유한 상인의 아들이었던 그는 입고 있던 옷을 다 찢어 버리고, 가족과 친구들을 떠나 철저하게 가난한 삶을 살았다. 권력과 안전의 요새인 튼튼한 도시에서 벌거벗은 채로 나와 동굴과 황량한 벌판에서 살면서, 프란체스코는 인류의 기본적인 가난에 관심을 기울일 것을 촉구했다. 그는 자신의 벌거벗음뿐만 아니라 모든 사람이 하나님 앞에서 벌거벗었음을 드러내 보였다. 프란체스코는 이렇게 이동한 위치에서, 긍휼의 삶을 살 수 있었다. 즉, 그는 더 이상 사람들 사이에 존재하는 외관상의 차이점으로 인해 눈멀지 않았으며, 이들 모두를 자신만큼이나 하나님의 은혜가 필요한 형제요 자매로서 인식할 수 있었던 것이다. 체스터턴(G. K. Chesterton)은 이렇게 적고 있다.

> 그가 비범한 인격적 능력을 갖게 된 것은 바로 다음과 같은 사실에서 기인한다. 즉, 교황에서 거지에 이르기까지, 장막 안에 있는 시리아의 술탄에서부터 숲에서 기어나오는 추레한 산적에 이르기까지, 프란체스코 베르나르도네의 타오르는 듯한 갈색 눈동자를 들여다본 사람이라면 누구나 그가 **상대방**에게 진정으로 관심을 가지고 있다는 것을 알아차릴 수밖에 없었다. 그것은 요람에서 무덤에 이르기까지 그 사람의 내면의 개인적인 삶에 대한 관심이었다. 또한 그 사람은 진정으로 가치롭게 여김받고 진지한 대우를 받고 있었으며, 어떤 사회 정책이나 교회의 문서에 이름 하나를 더 올리기 위해 그런 대우를 받고 있는 것이 아니라는 것을 알게 되었다…프란체스코는 인간 집단을 왕들의 집단처럼 대했다.[11]

프란체스코의 가난을 추종한 작은 무리의 형제들 속에서는 긍휼의 삶이 이루어졌다. 가난밖에는 함께 나눌 것이 하나도 없었던 이 사람들, 완전히 하나님의 은혜에만 의존했던 이 사람들은 약자들끼리의 진정한 공동체를 형성했고, 그 속에서 이들은 긍휼을 베풀며 함께 살고 자신들의 긍휼을 거리에서 만나는 모든 이들에게 확장시켰다. 그들의 공동적인 가난의 삶은 그들로 하여금 무제한적인 긍휼을 베풀 수 있도록 준비시켰다. 체스터턴이 쓴 바에 따르면, 가난에 대한 프란체스코의 견해는 다음과 같다. "헌신된 사람이라면 어디에 있는 어떤 유의 사람들에게든지, 심지어는 최악의 사람들에게도 다가갈 것이다. 그들이 그 사람을 저지할 이유가 없는 한 말이다. 그가 보통 사람들과 똑같은 속박이나 욕구를 지니고 있다면 그는 보통 사람들과 같이 될 것이다."[12]

프란체스코는 공동체와 긍휼로 인도하는 이동에 관해 감동적인 본보기를 보여 준다. 성 프란체스코와 그의 추종자들은 자신들의 '평범하고 적당한 위치'에서 떠남으로써, 인류의 하나 됨을 일깨워 주었다. 그저 그들이 함께 사는 법을 통해서만이 아니라 그들의 공동적 삶 속에 다른 사람들이 들어올 수 있는 공간을 마련함으로써 그렇게 했다.

하지만 프란체스코 형제회의 역사는 또한 성공과 부가 사람들을 유혹해서 다시 평범하고 적당한 자리로 돌아가게 만들면, 공동체는 물론 긍휼도 발견하기가 어렵다는 사실을 보여 준다. 비단 프란체스코회만이 아니라 다른 많은 종교적 집단들도 마찬가지다. 그러므로 기독교의 역사가 개혁자들로 가득 차 있다는 것은 충분히 이해가 가는 일이다. 이 개혁자들은 끊임없이 스스로 이동함으로써 우리에게 긍휼의 삶을 살아야 할 위대한 소명이 있다는 것을 상기시켜 주었다.

우리가 진정으로 긍휼의 사람이 되기를 바란다면, 이동이라는 이 위대한 전통을 회복하는 일이 시급하다. 우리의 가정과 교구, 수녀원과 수도원이 그저 평범하고 적당한 장소인 한, 이곳들은 다만 평범하고 적당한 반응만을 하게 할 뿐 아무 일도 일어나지 않을 것이다. 종교적인 사람들이 잘 입고 잘 먹고 잘 보살핌받으며 사는 한, 가난한 자들과 결속되자는 말은 창의적인 행동을 유발하기보다는 그저 기분이나 돋우어 주는 경건한 말로 남게 될 것이다. 다른 사람들이 우리보다 더 잘하고 더 효과적으로 하는 일을 우리는 그저 괜찮은 정도로 하는 한, 우리가 세상의 소금이요 세상의 빛으로 인정받기를 기대하기는 힘들 것이다. 간단히 말해서, 이동을 기피하는 한 우리 주님이 우리를 부르신 긍휼의 삶을 놓치고 말 것이다.

성 프란체스코와 같이 주님을 신실하게 따른 자들이 우리에게 가르쳐 주는 바는, 세상에서 관심의 대상이 되기를 그만둠으로써 우리는 은둔과 긍휼을 통해 세상 어디에나 있을 수 있다는 것이다. 세상에서 관심의 대상으로 살다 보면, 세상에서 소외당하게 된다. 하지만 은둔과 긍휼로 이 세상을 살다 보면 우리는 세상과 연합한다. 왜냐하면 우리는 그런 삶을 통해 우리 존재의 중심에서 세상을 발견하기 때문이다. 고독과 공동체 속에서 사는 사람들은 종종 자기 시대의 의미심장한 사건들에 대해 아주 잘 알고 있으며, 그러한 사건에 영향받기 쉬운 사람들에 대해서도 상당히 예민한 감각을 지니고 있다. 반면에, 세상에 깊이 개입하고는 있지만 세상의 가장 깊은 갈등과 고통은 제대로 알지 못하는 사람들도 쉽게 볼 수 있다.

이렇게 이동은 **세상 속에** 있긴 하지만 **세상적이** 되지는 않는 것을 가능하게 해 준다. 예수님도 죽음을 앞둔 날 밤에 이것을 위해 기도하셨다. "내가 비옵는 것은 그들을 세상에서 데려가시기를 위함이 아니요 다만 악에 빠지지 않게 보전하시기를 위함이니이다.…아버지께서 나를 세상에 보내신 것같이 나도 그들을 세상에 보내었고"(요 17:15, 18).

알아 두어야 할 것들

여기서 우리는 자발적인 이동을 극적인 행동으로의 초대로 오해하지 말아야겠다. 긍휼의 사람이 되기 위해서는 가족과 친구들, 가정과 직장에 멋진 고별의 몸짓을 취해야만 한다고 생각할 수도 있다. 이동으로의 부르심을 그렇게 해석하는 것은 그리스도의 제자다운 정신보다는 미국의 개척자 정신에 의거한 것이다. 무엇보다 먼저 우리가 이해해야 할 것은, 자발적인 이동은 그것이 부르심에 대한 응답일 때만―다시 말해서 순종의 행위일 때만―진정한 제자도의 표현이 될 수 있다는 사실이다.

감동적인 이동의 삶을 산 여러 그리스도인들은 이렇게 설명한다. 자신들의 움직임은 칼로 자르듯 분명한 목적과 목표를 가지고 스스로 주도한 것이 아니라, 보통 오랜 시간에 걸쳐서 듣고 이해하게 된 거룩한 초청에의 응답이었다는 것이다. 성 프란체스코가 자기 옷을 벗어서 아버지에게 돌려보낸 극적인 행동은 제자도에서 나온 행위로서만 이해될 수 있다. 왜냐하면 그것은 그가 하나님의 뜻을 발견하기 위해 수년간 해 온 내면적 고투의 절정이었기 때문이다. 프란체스코는 꿈과 비전과 수년간의 기도와 상담 이후에야 아주 서서히, 하나님이 자신을 완전히 가난한 삶으로 부르셨음을 인식하게 되었다. 마더 테레사도 비슷한 이야기를 들려준다. 그녀가 자신의 공동체를 떠나 캘커타에 있는 죽어 가는 자들을 위해 사역하게 된 것은, 단지 이것이 선한 생각이거나 필수적인 과업이기 때문이 아니었다. 그녀는 하나님이 자신을 부르시는 것을 들었고, 자신이 조언과 인도를 요청한 사람들을 통해 이 부르심을 확증받았기 때문이었다. 새로운 공동체를 형성하기 위한 하나의 방법 혹은 기술로서 자발적인 이동을 실천하고 그럼으로써 긍휼을 베풀게 된 사람들은, 스스로의 복잡한 동기들 속에 얽혀들기도 하고 많은 갈등과 혼동에 빠지기도 하는 자신의 모습을 보게 될 것이다.

이것은 상당히 중요한 성찰이다. 특히 자기가 만들어 낸 '거룩'의 형식들이 만연할 때는 더욱더 그러하다. 심지어 성인 같은 사람이 되고자 하는 열망은 잘못된, 때로는 파괴적인 형태의 금욕주의적 행동이 되기 쉽다. 이러한 사실은 하나님의 부르심보다는 우리의 필요가 무엇인지에 대해 더 많은 것을 드러낸다. 그러므로 성인들과 '독보적인' 그리스도인들이 취한 구체적인 행동을 꼭 본받아야 한다고 생각해서는 안 된다. 그보다도 우리는 그들 속에 살아 있는 다음과 같은 사실, 즉 하나님은 모든 사람을 독특한 방식으로 부르시며, 우리가 각자의 독특한 삶 속에서 하나님의 음성에 귀 기울일 것을 요구하신다는 사실을 상기해야 할 것이다.

자발적 이동과 관련해서 이 말이 우리에게 의미하는 바는 무엇인가? 자발적 이동이 그리스도와 그분의 추종자들의 삶에서 그토록 중심적인 위치를 차지했다면, 우리도 스스로 이동하는 일부터 시작해야 하는 것이 아닐까? 하지만 그렇지 않을 수도 있다. 그보다 먼저 우리는 우리의 삶에서 이미 이동이 일어나고 있는 영역을 확인해야 한다. 우리는 삶에서 일어나고 있는 이동 속에서 하나님의 임재를 보여 주는 일차적 신호들을 놓쳐 버린 채, 대단한 형태의 이동만을 꿈꾸고 있을 수도 있다.

우리의 삶에서 이동을 발견하기 위해 멀리 혹은 오래 찾을 필요는 없다. 우리들 대부분은 고통스러운 이동을 경험한 적이 있다. 우리는 이 나라에서 저 나라로, 서부에서 동부로, 북부에서 남부로, 작은 동네에서 대도시로, 작고 친밀한 고등학교에서 크고 비인격적인 대학교로, 즐거운 직장 환경에서 경쟁적인 자리로 이동해 본 적이 있을 것이다. 간단히 말해서, 익숙한 곳에서 낯선 환경으로 옮겨 가 본 적이 있을 것이다. 또한 이러한 물리적 이동을 넘어서, 우리 삶에는 깊은 내적 이동의 흔적들이 있을 것이다. 해가 지남에 따라 익숙한 이미지와 생각은 종종 그 자리에서 밀려난다. 수년 동안 우리의 세계를 이해하는 데 도움을 주었던 사고방식이 비판의 대상이 되고, 우리는 구식이나 보수적이라는 말을 듣는다. 요즘 아이들이나 이웃들은 우리의 성장과 발달 시기에 가장 중요한 역할을 했던 의식과 관습을 더 이상 존중하지 않는다. 우리에게는 소중한 추억이 된 가정의 전통과 교회의 행사가 갑자기 내던져지고 심지어는 감상적, 마술적, 미신적이라는 평가와 함께 웃음거리가 되기까지 한다. 물리적인 이동보다도 이렇게 내면에서 일어나는 지적·정서적 이동이 우리를 위협하고 상실감 내지는 홀로 된 느낌을 준다.

유동성과 다형식성(pluriformity)이 점증하는 현대 사회에서, 우리는 너무도 많은 이동의 노예 내지는 희생자가 되어서 어딘가에 뿌리내렸다는 느낌을 유지하기가 어렵다. 그리고 우리는 쓰라린 마음과 원한을 품으라는 유혹을 계속 받는다. 그러므로 일차적이고도 때로 가장 어려운 과업은, 이렇게 실제로 일어나는 이동 속에서 하나님의 부르심을 듣는 것이다. 때로는 우리가 통제 가능한 이동을 주도적으로 행하는 것이, 전적으로 우리의 손 밖에 있는 이동을 자유롭게 받아들이고 인정하는 것보다 더 쉬울 수 있다. 여기서 중요한 질문은, "내가 처해 있는 구체적인 상황에서 어떻게 하면 하나님의 돌보시는 행동을 이해하고 경험할 수 있겠는가?" 하는 것이다. 이것은 어려운 질문이다. 이 질문에 답하기 위해서는 때로 그 순간의 너무도 고통스러운 사건과 경험을 면밀히 검토해 보아야 하기 때문이다. "아버지와 어머니를 떠나라고 이미 요청받은 영역은 어디인가? 죽은 자들로 죽은 자를 장사 지내게 하고 너는 나를 따르라는 초청을 받은 영역은 어디인가? 손에 쟁기를 잡고 뒤를 돌아보지 말라는 도전을 받고 있는 영역은 어디인가?" 하나님은 우리의 삶에서 항상 활동하신다. 그분은 항상 우리를 부르시고, 우리의 십자가를 지고 그분을 따르라고 요청하신다. 그런데 우리는 그런 하나님의 부르심을 느끼고 인식하는가? 아니면 그 부르심이 정말 일어나고 있는데도 그저 환상적인 순간이 오기만을 마냥 기다리고 있는가? 이동은 일차적으로 무언가를 이루거나 성취하는 것의 문제가 아니라, 무언가를 인식하는 문제다.

이런 인식 안에서, 이런 인식을 통해 회심이 일어날 수 있다. 원한과 쓰라림과 체념과 냉담으로 인도하는 비자발적인 이동에서 빠져나와, 제자도의 표현이 될 수 있는 자발적인 이동으로의 회심이 일어날 수 있다. 우리는 마냥 십자가만 추구할 필요는 없지만, 우리가 감당해야 할 십자가는 끝까지 져야 한다. 그러므로 예수님을 따른다는 것은 우선 무엇보다 먼저 우리의 일상생활에서 우리를 향한 하나님의 독특한 소명을 발견하는 것이다.

바로 우리의 이동을 인식하고 그 안에서 우리에게 속삭이는 하나님의 첫 음성을 듣고자 하는 마음 자세를 통해서, 우리는 공동체를 형성하기 시작하고 긍휼 어린 삶을 살게 된다. 일단 우리가 실제적인 신체적·정신적·정서적 이동을 제자도의 형태로서 경험하기 시작하면 그리고 그것들을 순종으로 받아들이면, 덜 방어적이 되고 더 이상 우리의 고통과 좌절을 감출 필요가 없다. 그러고 나면 수치와 당혹감의 원인으로 보였던 것이 오히려 공동체의 기초가 되며, 우리를 다른 사람과 갈라 놓는 것처럼 보였던 것이 긍휼의 기초가 된다.

평범한 시민은 없다

우리의 주된 과업은 바로 우리의 삶에서 일어나는 실제적인 이동 속에서 하나님의 부르심을 분별하는 것이다. 이 말은 슬프고 괴롭고 불의한 곤경 앞에서 수동적으로 체념하라는 의미가 아니다. 오히려 그 반대로서, 건설적인 힘과 파괴적인 힘을 분별하고 하나님이 우리를 부르시는 장소가 어디인지를 발견하기 위해 우리의 상황을 신중하게 관찰하는 것을 의미한다. 그리하여 우리의 삶 속에서 일하시는 하나님의 행동에 주의를 기울임으로써, 하나님의 부르심에 더욱 민감해지게 된다. 우리가 일상생활 속에서 하나님의 음성을 더 잘 분별할수록, 하나님이 우리를 좀더 과감한 형태의 이동으로 부르실 때 그 음성을 더 잘 들을 수 있을 것이다. 우리들 중 어떤 사람은 정말로 도시에서 나와 동굴에서 살도록 부르심을 받는다. 또 어떤 사람은 정말로 자기가 가진 모든 것을 팔아 가난한 사람들에게 나누어 주고 전적인 가난 속에서 그리스도를 따르도록 부르심을 받는다. 어떤 사람은 정말로 좀더 친숙한 환경에서 떠나 병든 자들, 죽어 가는 자들과 함께 살도록 부르심을 받는다. 또 어떤 사람은 정말로 비폭력 저항을 실천하는 공동체에 가담하여 사회적 병폐에 맞서 큰소리로 저항하고, 수감자들의 비참함과 나병 환자들의 고립 혹은 압제받는 자들의 고통을 함께 나누도록 부르심을 받는다. 어떤 사람은 고문과 잔혹한 죽음을 견디도록 부르심을 받는다. 하지만 일상적인 삶의 작은 시간 속에 숨어 있는 작은 부르심을 깨닫지 못하는 한, 이렇게 복된 부르심을 알아듣고 이해할 수 있는 사람은 아무도 없을 것이다. 성 프란체스코, 마더 테레사, 마틴 루터 킹, 세자르 샤베즈(Cesar Chavez), 도로시 데이, 장 바니에(Jean Vanier), 로메로(Romero), 대주교, 돔 헬더 카마라(Dom Helder Camara)가 부름받은 것처럼 모든 사람이 그런 식으로 부름받는 것은 아니다. 하지만 우리 모두는 하나님이 누구에게나 동등하게 독특한 방식으로 각자의 삶 속에서 일하신다는 확신 속에서 살아가야 한다. 자기는 하나님 나라에서 '평범한 시민'일 뿐이라고 생각하는 사람이 단 한 명이라도 있어서는 안 된다. 우리가 우리 자신과 하나님을 진지하게 생각하기 시작하고 하나님을 우리와의 대화 속으로 들어오시도록 하는 순간부터, 우리도 아버지, 어머니, 형제와 자매를 떠나 십자가에 달리신 주님을 순종으로 따르도록 요청받고 있음을 깨닫게 될 것이다. 종종 우리 주님은 우리가 별로 가고 싶어 하지 않는 곳으로 따라오라고 요청하실 수도 있다. 하지만 우리가 일상생활 속에 있는 작은 이동 안에서 주님을 발견하는 법을 배워 왔다면, 그보다 더 큰 부르심도 결코 그렇게 커 보이지는 않을 것이다. 그럴 때 우리는 주님을 따를 용기를 갖게 되고 그렇게 할 수 있는 우리의 자유를 보며 스스로도 놀라워할 것이다.

이렇듯이, 자발적인 이동은 각 그리스도인의 삶의 일부이다. 그것은 남들이 알아주건 알아주지 않건 간에 평범하고 적당한 장소에서 떠나게 만든다. 그것은 서로를 여행 중인 동료 순례자로 인식할 수 있게 해 주고, 그리하여 공동체를 창조한다. 마지막으로, 자발적인 이동은 우리를 긍휼로 이끈다. 우리는 자발적인 이동을 통해 우리 자신의 깨어진 마음에 더 가까이 다가감으로써, 우리의 위로를 구하는 동료 인간들에게도 눈을 뜨게 된다.

6장
함께함

바닥을 걷는 기적

기독교 공동체는 이동 가운데 한데 모이고, 그렇게 함으로써 함께함의 새로운 방식을 발견하고 선포한다. 사람들을 모이게 하는 동기에는 여러 가지가 있다. 사람들은 종종 공동의 위험에 대항하여 자신들을 방어하기 위해서, 또는 공동의 가치를 수호하기 위해서 함께 모인다. 또한 각자 선호하는 것 혹은 혐오하는 것에 따라 함께 모이기도 한다. 미움과 더불어 두려움도 함께 모이는 행동을 창출할 수 있다. 그리스도의 부활 후에, 제자들은 "유대인들을 두려워하여"(요 20:19) 문을 닫고 방 안에 모여 있었다. 그리고 관원들, 장로들, 서기관들은 베드로와 그의 추종자들에 대한 분노를 공유하고 있었기에 예루살렘에 함께 모였다(행 4:5).

하지만 기독교 공동체의 함께함은 공유하는 분노나 염려 때문에 나타난 결과가 아니다. 그것은 매일의 구체적인 삶에서 하나님의 긍휼을 세상에 드러내기 위해 부르심을 받았다는 깊은 의식에서 나오는 것이다. 사도행전에서 우리는 이런 새로운 형태의 함께함을 간략하게나마 볼 수 있다. "믿는 사람들은 모두 **함께 살았으며** 모든 것을 공동으로 소유했다.…날마다 주님은 구원받기로 된 자들을 그들의 **공동체**(문자적으로 '그들의 함께함')에 더해 주셨다"(행 2:44-47, Jerusalem Bible). 기독교 공동체는 떠밀려서 함께하는 것이 아니라, 이끌림받아서 함께하는 것이다. 평범하고 적당한 장소를 떠남으로써 그리고 주님을 따르라는 부르심에 응답함으로써, 매우 다른 배경의 사람들이 서로를 공동의 제자도로 이끌림받아 함께하게 된 동료 순례자로 이해하게 된다.

자발적인 이동은 그것 자체가 목적이 아니라는 점을 깨닫는 것이 중요하다. 자발적인 이동은 그것으로 인해 우리가 새로운 방식으로 함께 모일 때만 의미가 있다. 복음이 제시하는 바와 같이, 자발적 이동은 우리로 하여금 서로가 비슷한 필요와 갈등을 지닌 사람들이라는 것을 이해하게 하고, 공통의 연약함을 인식하는 가운데 서로 만날 수 있게 한다. 그러므로 어떤 형태의 이동이든, 우리를 더욱 가까이 함께 모이게 하지 못하는 이동은 믿을 만하지 못하다. 만일 우리가 특별하거나 독특하거나 눈에 띄는 자리로 이동한다면, 그것은 단지 미묘한 형태의 경쟁적인 태도를 드러내는 것밖에 안 된다. 그리고 이러한 형태의 경쟁적인 태도는 공동체가 아니라 엘리트주의로 가는 것이다. 수도원으로 들어가거나 자기 나라를 떠나는 사람들도 복음의 정신 안에서 그렇게 할 때만 그런 이동을 통해 동료 인간들에게 좀더 가까이 다가갈 수 있다.

많은 사람들이 사제나 수녀나 수사나 은둔자를 영적인 엘리트로 생각한다는 것은 정말 놀랄 일이다. 그들은 이런 사람들이 자신만의 신비로운 훈련을 하고 하나님과의 특별한 접촉을 누리는, 마치 딴 세상에서 사는 사람들인 것처럼 말한다. 이런 사고방식은 하나님의 백성을 '평범한' 그리스도인과 '특별한' 그리스도인으로 나누어서, 자발적인 이동이 함께함이 아니라 구별을 유발하게 될 위험이 있다. 그러나 진정한 이동은 결속되고자 하는 깊은 인식을 불러일으킨다. 분리나 '집 떠남'이 올바른지 판단하는 기준은, 그것이 우리가 함께 서 있을 수 있는 공동의 기반을 어느 정도나 드러내는가에 있다.

이 사실은 코네티컷주의 뉴헤이븐에서 열린 서커스 공연에서 잘 드러난다. 사자 조련사들과 곡예사들의 다양한 연기가 끝난 후, 줄타기 예술가인 필리프 프티(Philipe Petit)가 공연장에 등장했다. 이 작고 민첩한 프랑스인의 연기를 볼 때는 다른 예술가들의 연기를 볼 때와는 사뭇 다른 종류의 주의 집중이 필요하다. 그의 몸짓은 예상했던 만큼 웅장하지는 않았다. 그는 두 개의 작은 탑 사이에 묶여 있는 쇠줄 위를 장난스럽게 걸었고, 그 모습은 균형을 잡는 몸짓이라기보다는 마치 춤을 추는 것처럼 보였다. 그는 그 탑들을 정복했다는 듯한 몸짓을 하더니 아주 쉬운 점프를 해서 사람들을 웃겼다. 그러나 그 다음에 그의 진정한 재능을 보여 주는 아주 색다른 기술이 펼쳐졌다. 공연 마지막 부분에서 그는 탑과 모래가 깔린 바닥 사이에 매어 놓은 줄을 타고 걸어 내려갔다. 이것이야말로 너무도 어려운 기술이었기에, 모든 사람이 특별히 주의를 집중하며 그의 움직임을 주시했다. 사람들은 손톱을 깨물며 이렇게 외쳤다. "저게 어떻게 가능하지? 저 사람은 어떻게 저렇게 할 수 있나?"

긴장과 관심은 점점 고조되고 사람들은 모두들 그의 쭉 뻗은 팔에 시선을 고정시키고 있었다. 모든 사람이 필리프의 행동에 빨려 들어가서 5초 동안 그가 안전한 바닥을 걷고 있었다는 사실을 아무도 깨닫지 못했다! 그가 멍한 표정으로 바닥을 내려다보다가 다시 눈을 둥그렇게 뜨고 즐겁다는 듯이 앞을 쳐다보자, 그제야 긴장감이 풀리고 모든 사람은 우레와 같은 박수 갈채를 보냈다. 그것이야말로 진정 예술적인 순간이었다. 예술가 필리프는 다른 모든 사람이 할 수 있는 행동 즉 바닥을 걷는 행동을 관객들로 하여금 찬탄의 눈으로 바라볼 수 있게 하는 능력이 있었기 때문이다. 이 높은 줄 타기 예술가의 위대한 재능은, 아무도 흉내 낼 수 없는 행동을 함으로써 찬탄을 불러일으킨 데 있는 것이 아니라, 우리 모두가 할 수 있는 일을 놀라운 눈으로 바라볼 수 있게 하는 능력에 있었다. 그러므로 필리프가 받은 박수 갈채는, 두 탑 사이에서 춤을 춘 것과 같은 그의 특별한 묘기를 본 사람들의 흥분의 표현일 뿐만 아니라 우리가 함께 안전하게 바닥을 걸을 수 있다는 기적을 재발견하게 해 준 데 대한 감사의 표현이었다.

이 이야기는 이동이 어떻게 새로운 함께함을 창출할 수 있는지를 잘 보여 준다. 필리프 프티는 우리가 바닥을 걸을 수 있다는 것이 얼마나 특별한지를 보여 주기 위해서 쇠줄 위를 걸었던 것이다. 그가 우리와 다르다는 것을 통해 우리가 진정으로 알게 되는 바는, 그가 더 깊은 차원에서는 우리와 동일하다는 것이다. 만일 우리가 우리에게는 이 예술가만 한 능력이 없다고 불평하면서 그의 묘기 때문에 자신감을 잃는다면, 이는 그 예술가를 제대로 이해하지 못한 것이다. 하지만 그의 연기를 통해서 우리는 모두 동일한 인간 가족의 일부라는 사실을 깨닫는다면, 그의 이동은 진정한 섬김이 된 것이다. 수도원이나 외국 혹은 엄청난 필요가 있는 곳으로 이동하는 그리스도인들은 특별하거나 칭찬받을 일을 하고 있는 것이 아니라, 우리를 연합시키는 것이 우리를 갈라놓는 것보다 더 중요하다는 사실을 드러내는 것이다. 따라서 이동은 긍휼 어린 함께함이 실현되는 신비로운 방식이다.

서로의 독특한 은사를 발견함

이 새롭고도 비경쟁적인 함께함은 우리로 하여금 서로에 대해 눈뜨게 한다. 여기서 우리는 기독교 공동체의 아름다움을 접한다. 남과 다르고 싶고 남보다 뛰어나고 싶은 마음을 포기할 때, 삶에서 우리만의 특별한 자리를 차지하고 싶어 하는 마음을 놓을 때, 우리의 주된 관심사가 서로 동일해지는 것이 될 때 그리고 결속 가운데 이 동일성을 살아 내고자 할 때, 비로소 우리는 서로의 독특한 은사를 보게 된다. 공동의 연약함 속에서 함께 모일 때에야 우리는 다른 사람에게 줄 것이 얼마나 많은지 발견한다. 기독교 공동체는, 구성원들의 행동이 모두 똑같은 수준으로 균일화되어 독창성이 없는 고도로 획일화된 집단과는 정반대다. 오히려 공동의 제자도로 함께 모인 기독교 공동체는 모두를 위해 개개인의 은사가 발굴되고 그것이 섬김의 도구로 사용되는 장소다. 우리의 독특한 재능들은 더 이상 경쟁의 대상이 아니라 공동체의 구성 요소가 되며, 사람을 분리시키는 자질이 아니라 사람을 연합시키는 은사가 된다. 그리고 이것이야말로 새로운 함께함의 핵심이다.

자아상은 다른 사람과의 차이점에 달려 있는 것이 아니라는 사실 그리고 자존감은 우리가 비상한 일을 해 냄으로써 얻어 낼 수 있는 칭찬보다 훨씬 심오한 사랑에 기초해 있다는 사실을 발견할 때, 우리는 우리의 독특한 재능을 다른 사람들을 위한 선물로 볼 수 있다. 또한 그럴 때 우리는 은사를 나누어 주는 것이 개인으로서의 우리의 가치를 떨어뜨리는 것이 아니라 오히려 고양시키는 것임을 주목하게 될 것이다. 공동체 속에서 구성원 개개인의 구체적인 재능은 마치 훌륭한 모자이크 작품을 구성하고 있는 작은 돌멩이와도 같다. 금색, 청색, 홍색의 작은 조각들은, 찬란한 모자이크의 일부분이기 때문에 그 값어치가 떨어지는 것이 아니라 오히려 더 올라간다. 왜냐하면 그 조각들은 조각 자체보다 훨씬 더 근사한 이미지를 창조하는 데 공헌했기 때문이다. 그러므로 서로를 향한 지배적인 감정도 질투에서 감사로 전이될 수 있다. 우리는 상대방의 아름다움을 점점 더 명료하게 볼 수 있으며, 또한 그 아름다움을 발굴해 낼 수 있다. 그럼으로써 그 아름다움은 함께하는 우리 삶 전체의 일부가 될 수 있는 것이다.

동일성과 독특성 둘 다 공동체 속에서 인정될 수 있다. 사람이란 자신이 만들어 내는 다른 사람들과의 차이점으로 규정된다는 환상의 가면을 벗어 던진다면, 우리는 공동적인 인간의 상처와 치유를 향한 공동의 필요라는 기초 위에서 함께 모일 수 있다. 그때 우리는, 함께 밟으며 걸어가는 바로 그 땅 밑에 우리가 서로에게 제공해 줄 수 있는 재능들이 숨어 있다는 놀라운 사실을 깨닫는다. 함께하는 새로운 방식으로서의 공동체는, 서로의 숨겨진 재능들을 발견 또는 재발견하도록 인도해 주며, 우리가 공동의 삶을 향한 우리의 독특한 공헌을 인식하게 해 준다.

수박 사냥꾼에 관한 수피족의 오래된 이야기는 이에 대한 훌륭한 실례를 보여 준다. 옛날에 자기 나라로 가는 길을 잃은 한 남자가 바보들의 나라로 알려진 한 나라에 들어가게 되었다. 그는 많은 사람들이 밀을 수확하러 밭에 갔다가 기절초풍을 하며 도망 나오는 것을 보았다. "저 밭에 괴물이 있답니다." 그들이 말했다. 그가 가서 보니 그것은 수박이었다. 그는 그들을 위해서 자기가 그 '괴물'을 죽여 주겠노라고 제안했다. 그는 수박을 줄기에서 잘라낸 다음 한쪽을 잘라서 먹었다. 그러자 사람들은 수박보다도 그를 훨씬 더 두려워하였다. 그들은 건초용 갈퀴로 그를 쫓아내면서 이렇게 소리쳤다. "이놈을 쫓아내지 않으면 다음엔 우리를 죽일 거야." 그런 일이 있은 지 얼마 후, 또 다른 남자 하나가 길을 잃고 바보들의 나라로 들어왔다. 그리고 앞에서와 똑같은 일이 일어났다. 하지만 이 남자는 그들에게 '괴물'을 처치하는 일을 도와주겠노라고 제안하기보다는, 그 괴물이 틀림없이 위험할 것이라며 그들의 말에 찬성해 주고, 그들과 함께 살금살금 걸어 나옴으로써 그들의 신임을 얻었다. 그는 그들의 집에서 오랜 시간을 함께 보냈고, 수박에 대한 기초 지식을 조금씩 조금씩 가르칠 수 있게 되었다. 그

리하여 결국은 수박에 대한 두려움을 없애 주었을 뿐만 아니라 수박을 경작할 수 있게까지 했다.[13]

결속 가운데 순종하는 마음으로 행하는 섬김에 대한 이 아름다운 이야기는, 긍휼 어린 함께함이란 독특한 재능을 억누르는 것이 아니라 그것을 발굴하여 열매 맺게 하는 것임을 너무도 잘 보여 준다. 종종 우리는 섬김이란 다른 사람들에게 무엇인가를 주는 것, 어떻게 말하고 행동해야 하는지를 가르쳐 주는 것이라고 생각한다. 하지만 이제 드러난 바와 같이 진정으로 겸손한 섬김이란, 그 무엇보다도 우리 이웃들로 하여금 자신들이 아주 훌륭하지만 종종 감추어져 있는 재능들을 소유하고 있다는 사실과, 우리가 그들에게 해 줄 수 있는 일보다 그들이 그 재능들을 통해 우리를 위해 해 줄 수 있는 일이 더 많다는 사실을 발견하도록 도와주는 것이다.

다른 사람들을 위해 자기를 비우기

우리는 다른 사람의 독특한 재능이 드러나도록 함으로써, 우리 자신을 비우는 법을 배운다. 자기를 비운다고 해서 어떤 형태의 자기 학대나 자아 비판을 해야 하는 것은 아니다. 오히려 다른 사람들이 그들 자신의 가치를 인식할 수 있도록 우리의 관심을 그 사람들에게 쏟아야 한다.

동료 인간들에게 관심을 기울인다는 것은 정말 쉽지 않은 일이다. 우리는 자신의 가치에 대해 너무도 자신이 없고 다른 사람의 인정을 너무도 필요로 하는 존재이기 때문에, 우리 자신에게 관심을 기울여 달라고 요청하지 않기란 매우 어려운 일이다. 우리는 자기도 모르게 우리 자신에 대해 말하고, 우리 자신의 경험에 의존하고, 우리의 사연을 이야기하거나 대화의 주제를 우리 자신의 영역으로 끌어들인다. "그 이야기를 들으니 내가…했던 일이 생각난다"는 익숙한 문장은 관심의 초점을 상대방에서 우리에게로 옮겨 오는 전형적인 표현이다. 다른 사람을 중심에 두려는 마음에서 그 사람에게 관심을 기울이고, 그들의 관심사를 우리 자신의 관심사로 삼는 것이야말로 진정한 자기 비우기다. 다른 사람들을 우리의 가장 내밀한 공간으로 받아들일 수 있으려면 우리 자신을 비워야 하기 때문이다. 경청하기가 그렇게 어려운 이유도 바로 여기에 있다. 경청이란 우리 자신이 관심의 중심에서 떠나 다른 사람을 그 공간으로 초대하는 것을 의미하기 때문이다.

그런 초대가 얼마나 치유하는 힘이 큰지 우리는 경험을 통해서 알고 있다. 누군가가 우리의 말에 진정으로 관심을 쏟아 주고 우리의 갈등과 고통에 대해 진실로 보살피는 마음을 표현할 때, 우리는 마음 가장 깊은 곳에서 무언가가 일어나고 있음을 느낀다. 서서히 두려움이 녹아 없어지고, 긴장이 해소되며,

불안감이 사라지고, 우리가 신뢰할 수 있고 다른 사람들에게 선물로 줄 수 있는 무엇인가가 우리 속에 들어 있음을 발견한다. 다른 누군가에게 소중하고 중요한 존재가 되는 단순한 경험은 엄청난 재창조적 힘을 발휘한다.

그런 경험을 해 본 적이 있다면, 우리는 아주 고귀한 종류의 지식을 얻은 것이다. 우리는 다음과 같은 바울의 말의 진정한 의미를 배운 것이다. "각각 자기보다 남을 낫게 여기고"(빌 2:3). 이것은 잘못된 겸손이나 우리의 고유한 가치를 부인하는 행동으로의 초대가 아니라, 그리스도와 함께 그분의 치유하시는 사역으로 들어오라는 초청이다. 다른 사람에게 관심을 가질 때마다 우리의 마음은 점점 더 비워지고, 우리 마음이 점점 더 비워질수록 우리가 제공할 수 있는 치유의 공간은 점점 더 많아진다. 그리고 다른 사람이 치유되는 모습을 보면 볼수록, 이런 치유가 일어나는 것은 우리를 통해서가 아니라 우리 안에 계신 그리스도를 통해서라는 사실을 점점 더 이해하게 될 것이다.

그리하여 우리는 함께함 가운데 서로에게 숨겨져 있는 은사들을 발굴하고, 공동체 안에서의 우리의 삶에 소중한 공헌을 하는 그 은사들을 감사함으로 받는다.

이러한 긍휼 어린 함께함에 대한 가장 감동적인 실례 중의 하나는 로마에 있는 장애인 공동체다. 돈 프랑코(Don Franco)가 설립한 이 공동체에서는 성인 장애인들과 장애 아동들이 대가

족처럼 함께 살면서, 이전에는 감추어져 있던 서로의 재능을 발굴해 내고 있다. 그들의 함께함의 아름다움은 너무도 확연하고 확실하기 때문에, 많은 '건강한' 사람들도 마비 환자들, 정신 지체 장애인들, 시각 장애인들, 경련성 마비 환자들, 다리 불구자들, 청각 장애인들과 합류해서 살면서 공동체가 주는 훌륭한 선물을 이들과 함께 발견하고 있다. 이 공동체에서는 자기를 섬겨 달라는 식의 불평이나 낮은 자존감 혹은 깊은 우울증을 보이는 사람이 거의 없다. 그 대신 그들은 서로의 특별한 재능들을 발견하고 그들의 공동생활의 풍요로움을 누리고 있다.

이 새로운 함께함이 바로 긍휼이 일어나는 장소다. 사람들이 그리스도의 마음속으로 들어가 더 이상 자기의 유익을 우선으로 생각하지 않는 곳에 바로 긍휼의 주님이 자신을 드러내시며, 그분에게로 돌아서는 모든 사람들을 치유하시며 임재하신다.

소명을 따라 모임

남과 다른 점을 경쟁의 기초로 삼지 않고, 이 차이가 오히려 함께하는 풍요로운 삶에 기여할 수 있다는 사실을 인식함으로써, 우리는 공동체를 향한 부르심을 듣기 시작한다. 그리스도 안에서 그리고 그리스도를 통하여, 나이와 생활 방식이 다르고 인종과 계급이 다르며 언어와 교육 수준이 다른 사람들이 함께 모여 이 세상에 하나님의 긍휼 어린 임재를 증거할 수 있게 된다. 세상에는 공동의 관심을 따라 모인 그룹들도 많다. 그리고 이들 대부분은 무언가를 옹호하거나 보호하기 위해서 모인 것 같다. 이런 그룹들도 종종 우리 사회에서 중요한 일들을 이루어 내긴 하지만, 기독교 공동체는 본질상 그 성격이 다르다. 우리가 기독교 공동체를 형성할 수 있는 근거는 경험이나 지식, 문제나 피부색 혹은 성이 비슷해서가 아니라, 같은 주님의 부르심을 함께 받은 자들이기 때문이다. 오직 주님만이 우리 서로를 갈라 놓은 많은 벽을 넘어서게 하실 수 있다. 오직 주님만이 우리 서로를 동일한 인류 가족의 구성원으로 인식할 수 있게 하신다. 그리고 오직 주님만이 우리가 서로에게 세심한 관심을 기울일 수 있도록 우리를 자유롭게 하신다. 공동체로 함께 모인 사람들이 긍휼의 주님을 드러내는 증인이 되는 것도 바로 이 때문이다. 이들은 서로의 짐을 져 주고 서로의 기쁨을 나누는 모습을 통해서, 우리 세상에 주님의 임재를 증거한다.

공동체 안에서의 삶은 소명에 대한 반응이다. 소명에 해당하는 영어(vocation)는 라틴어 '보카레'(*vocare*)에서 온 말로서, '보카레'는 '부르다'라는 의미이다. 하나님은 우리를 그리스도의 형상대로 변화된 한 백성으로 부르셨다. 우리가 함께 모이는 것은 바로 그리스도의 소명 때문이다. 여기서 우리는 소명과 직업을 잘 구별할 필요가 있다. 성공을 너무도 강조하는 세상에서는 직업에 대한 관심 때문에 소명에 대해서는 귀머거리가 되는 경향이 있다. 직업이야말로 정말 중요한 것이라는 말을 믿게 되면, 우리는 더 이상 우리를 함께 부르시는 목소리를 들을 수 없다. 우리는 자신의 계획, 사역, 승진에 너무도 몰두한 나머지, 우리의 목표를 성취하는 데 방해가 되는 사람은 누구나 밀어낸다. 직업과 소명은 상호 배타적인 것이 아니다. 사실 우리는 소명 때문에 특정한 직업을 추구해야 할 경우도 있다. 많은 사람들은 공동체 속에서 들은 하나님의 부르심에 대한 응답으로 탁월한 의사나 변호사나 기술자나 과학자가 되었다. 그리고 우리의 소명이 특정한 직업이나 과업, 혹은 노력 속에서 눈에 보이게 되는 경우도 흔하다. 하지만 우리의 소명이 이러한 활동으로만 전락할 수는 없다. 우리의 직업이 우리의 소명이라고 생각하는 순간, 우리는 인간적인 경쟁이 지배하고 우리 자신을 다른 사람들과의 공동생활로 연합시키기보다는 그들로부터 분리시키는, 평범하고 적당한 장소로 돌아갈 위험에 노출된다. 소명과 연결되지 않은 직업은 서로를 분리시킨다. 반면에 소명에 대한 순종을 표현하는 직업은, 공동체가 사용할 수 있도록 우리의 재능을 내놓는 구체적인 방식이 된다. 그러므로 우리의 삶을 인도하는 것은 우리의 직업이 아니라 우리의 소명이어야 한다.

한 미국인 가족에 대한 다음의 이야기는 소명과 직업의 차이를 알 수 있는 좋은 통찰을 제공해 준다. 존과 메리와 그들의 자녀들은 워싱턴시 근교에서 지극히 평범하고 적당한 삶을 누리고 있었다. 존은 지역 사회 개발 부문에서 잘나가는 연구원이었다. 그는 잘나가는 다른 연구원들과 마찬가지로 워크숍을 개최하고 대학교에서 가르치고 정기적으로 논문도 발표하였다. 메리는 창의적인 여성이었다. 그녀는 집안일 외에도 도예와 수예를 하며 시간을 보냈다. 존과 메리의 자녀들은 이웃에게 마음이 열려 있고 친절했다. 그 가족을 알고 있는 사람이라면 누구나 그들이 남을 돌볼 줄 아는 선한 시민이요 헌신된 그리스도인임을 알고 있었다. 하지만 그 모든 성공의 한가운데서도 그들의 삶은 무어라고 꼬집어 말하기 어려운 어떤 차원이 결핍되어 있는 것처럼 보였다. 어느 날 저녁, 조금 전에 지역 사회 주민들에게 강의를 하고 집으로 돌아오던 존은 갑자기 자기네 가족이 대부분의 다른 가족들과 마찬가지로 소외되어 있다는 것을 깨달았다. 생각하면 생각할수록 그의 뇌리를 때리는 한 가지 생각은 바로, 그가 여러 가지 이상을 논하는 강의를 해서 돈을 벌고 있지만 정작 그 자신은 그 이상들을 실현하지 않았다는 사실이었다. 그는 자신이 마치 거만하게 겸손에 대한 설교를 하고, 분개하면서 평화를 외치며, 슬프게 기쁨을 선포하는 설교자가 된 듯한 느낌이었다.

   그의 성공적인 직업 세계와 성공적이지 못한 삶이 더 이상 부인할 수 없을 정도로 자꾸만 뚜렷이 드러나자, 존과 메리는 용단을 내렸다. 온 가족이 1년 동안 피정을 갖기로 한 것이었다. 그동안 그들은 아주 적은 돈으로 살았고 사회적 안전이나 성공도 거의 누리지 않았다. 그리고 평범하고 적당한 자리를 떠나온 그곳에서 그들은 인생을 새롭게 발견하였다. 자연을 볼 때도 전에는 그런 것을 전혀 본 적이 없는 것처럼 새롭게 보았다. 전에는 한 번도 서로의 이야기를 들은 적이 없는 것처럼 서로의 이야기를 들어 주었다. 전에는 한 번도 기도해 본 적이 없는 것처럼 기도하였다. 그리고 그들은 의아해했다. 전부터 항상 자신들의 눈앞에 펼쳐져 있던 것들이 왜 그렇게 오랜 시간이 흐른 후에야 눈에 들어오는지 말이다. 그들은 이런 새로운 상황에서, 세상의 강요로부터 자유로워지고, 서로와 그리고 이웃과 더욱 친밀하게 지내고, 삶의 신비를 좀더 깊이 이해하기를 끊임없이 추구하면서 살도록 초청하는 부르심을 더 분명하게 듣기 시작했다. 여기서 그들은 자신들의 소명을 발견하였다. 그것은 항상 거기 있었지만, 전에는 그들에게 들리지 않았던 소명이었다. 직업 세계에서 성공해야 한다는 떠들썩한 요구 때문에 들리지 않았던 것이다.

그들의 이러한 '회심'에서 가장 주목할 만하고 또 사실 예상치 못했던 결과 중 하나는, 그들의 소명이 그들의 관심사의 중심으로 떠오르자 그들의 전 세계가 변화되었다는 것이다. 가

족, 우정, 사랑과 같은 단어들은 삶의 새로운 경험을 표현하는 새로운 단어들이 되었다. 연구는 이제 경쟁적인 학문 세계의 일면이 아니라, 의미를 추구하는 지속적인 표현이 되었다. 지도력은 섬김이 되었고, 남을 믿게 하려고 애쓰던 논쟁은 합류를 권하는 초청이 되었다. 그리고 감동적인 강의는 강력한 도전으로 변했다. 무엇보다도 그들이 함께하는 새로운 방식은 다른 많은 사람들의 마음속에 자리잡고 있는 숨겨진 바람들, 이 미국인 가정의 구체적인 삶으로 표현되기 전까지는 결코 밖으로 드러나지 않았던 바람들을 드러냈다. 많은 사람들에게 단지 낭만적인 꿈으로만 인식되던 것이 갑자기 충분히 도달 가능한 목표로서 현실이 되었고 실현될 수 있는 이상이 되었다. 긍휼의 삶은 더 이상 환상이 아니었다. 이동을 통해 함께함의 새로운 방식을 발견한 사람들이 모여 있는 활기찬 공동체 속에서는, 긍휼의 삶이 눈으로 볼 수 있는 실재였다.

소명은 수사나 사제나 수녀나 혹은 소수의 영웅적인 평신도들만이 독점하는 배타적인 특권이 아니다. 하나님은 귀 기울이는 자는 누구나 부르신다. 하나님의 부르심이 유보되어 있는 개인이나 그룹은 없다. 하지만 효과를 발휘하기 위해서, 부르심은 누군가의 귀에 들려야만 하고, 부르심을 들으려면 직업 세계에서의 요구가 계속 치솟아 오르는 와중에서 우리의 소명을 끊임없이 분별해 내야만 한다.

이리하여 우리는 어떻게 자발적인 이동이 새로운 함께함으로 나아가는지를 보았다. 우리는 그 함께함 속에서 공동의 연약함 가운데 서로의 동일성을 깨닫고, 우리의 독특한 재능이 공동체를 세우는 데 필요한 은사임을 발견하며, 또한 하나님의 부르심을 듣게 된다. 이 부르심은 직업 세계에 대한 열망을 넘어서서 소명으로 나아가도록 끊임없이 우리를 권유한다.

3부

긍휼의 길

7장
인내

걷어 내는 훈련

이제 마지막 부가 될 3부에서는 다음과 같은 문제를 제기하고자 한다. 우리가 날마다 긍휼을 실천할 수 있는 구체적인 방법이 있는가? 긍휼의 삶을 숙고하면서 지금까지는 제자도에 중점을 두고 말했으나, 여기서는 훈련에 중점을 두고 말하고자 한다.

훈련과 제자도는 절대로 분리할 수 없다. 훈련 없는 제자도는 영웅 숭배나 유행에 지나지 않는다. 그런가 하면 제자도 없는 훈련은 경쟁이나 자기 주장의 한 형태가 되기 쉽다. 훈련과 제자도는 서로에게 속해 있다. 이 둘은 서로를 강화시키고 깊이를 더해 준다. 하지만 '훈련'이라는 말에 대해 우리는 긍정적인 생각뿐만 아니라 부정적인 연상도 많이 하게 된다. 그래서 훈련이라는 말을 제자도와 연결해서 사용할 때 이 말을 제대로 강조하기가 쉽지 않다. 어린이들에게 훈련이 좀더 필요하다고 말할 때, 학교에서 훈련이 부족하다고 말할 때, 자기 훈련 없이는 아무도 자기 목표를 달성할 수 없다고 말할 때, 여기서 **훈련**이라는 말은 자기 자신이나 다른 사람들을 통제하고 효율적인 행동을 끌어내기 위해 혹독하게 애쓰는 것을 암시한다. 심지어는 학문적 연구 영역을 지칭하기 위해 'discipline'(영어의 discipline이라는 단어는 '훈련'과 '학과'를 모두 의미한다—역주)이라는 단어를 쓸 때도, 우리는 우선적으로 효율성과 통제라는 맥락에서 말하고 있는 것이다. 하지만 우리가 긍휼의 삶의 방법을 표현하기 위해서 **훈련**이라는 단어를 사용할 때, 이러한 의미를 생각한다면 이는 상당히 잘못된 것이다.

그리스도인의 삶에서 이루어지는 훈련을 긍휼을 얻어내기 위한 가혹한 방법이나 기술이라고 생각하면 절대 안 된다. 긍휼은 우리가 끈질기게 훈련하고 몇 년 동안 연구하고 철저하게 관리해서 습득할 수 있는 기술이 아니다. 우리는 긍휼 분야의 석사 학위나 박사 학위를 얻을 수 없다. 긍휼은 하나님의 선물이지 체계적인 연구나 노력의 결과가 아니다. 우리가 좀더 민감하고 통찰력 있고 수용적인 사람이 되는 데 도움을 주는 프로그램들이 많이 고안되어 있는 오늘날, 긍휼은 정복해야 할 것이 아니라 주어지는 것이며 열심히 애쓴 결과가 아니라 하나님의 은혜의 열매라는 사실을 우리는 끊임없이 상기해야 할 것이다. 그리스도인의 삶에서 훈련이란, 덮여 있던 것을 걷어 내고 숨겨져 있던 것을 전면에 드러내고 발 아래 두었던 것을 등경 위에 올려 놓는 인간의 노력이다. 그것은 마치 우리 영혼의 정원에 난 길을 덮고 있는 낙엽을 긁어 치우는 것과도 같다. 훈련은 바로 우리 안에 있는 하나님의 거룩한 영이 드러나게 하는 것이다.

그리스도인의 삶에서 훈련은 진정 노력을 요구하긴 하지만, 그것은 드러내기 위한 노력이지 정복하기 위한 노력이 아니다. 하나님은 항상 부르신다. 그분의 부르심을 듣고 그 부르심이 안내하는 대로 행동하기 위해서는, 영적인 귀머거리가 되지 않기 위한 훈련이 필요하다. 우리의 관심을 끌려고 우리를 부르는 목소리들과 우리의 관심을 분산시키는 활동들이 너무도 많기 때문에, 삶 속에서 하나님의 임재에 늘 민감하고자 한다면 진지한 노력이 필요하다.

하나님이 누군가를 부르실 때는 새로운 이름을 주신다. 아브람은 아브라함이 되었고, 야곱은 이스라엘, 사울은 바울, 시몬은 베드로가 되었다. 우리도 이런 새로운 이름을 찾아야만 한다. 왜냐하면 이 새로운 이름은 하나님이 우리에게 주신 독특한 소명을 드러내기 때문이다. 훈련은 귀머거리가 되지 않기 위해 노력하는 것이며, 우리를 새로운 이름으로 부르사 제자도라는 새로운 삶으로 초대하시는 하나님의 음성에 민감해지기 위해 노력하는 것이다.

종종 우리는 과거의 이름에 매달리는 경향이 있다. 우리의 새로운 이름, 새로운 정체성은 우리가 별로 가고 싶어 하지 않는 길을 가리킬 수 있기 때문이다. 결국 아브라함, 이스라엘, 바울, 베드로는 하나님의 음성에 순종하게 된 이후로 쉬운 인생을 살지 않았다. 그들은 많은 힘난한 길을 걸었고 많은 위기에 직면했다. 우리는 직관적으로, 차라리 귀먹은 것이 유리하고 우리 자신에게서 들려오는 약속들이 하나님으로부터 주어지는 약속들보다 훨씬 더 믿을 만하다는 사실을 깨닫는다. 하지만 우리는 또한 귀머거리로만 남아 있다가는, 우리의 가장 깊은 자아로부터 소외되며 우리의 진정한 정체성을 결코 실현할 수 없다는 사실 역시 감지한다. 훈련 없이는 절대로 우리의 진정한 이름을 알 수 없을 것이다. 그리고 이것이야말로 우리 존재의 가장 커다란 비극이리라. 귀먹은 사람들은 이름 없는 존재가 되어 목적지도 목표도 없는 방랑자가 될 것이며, 자기 자신과 인생의 동료 여행자들도 그가 누구인지 알지 못할 것이다.

　이렇게 이해할 때, 훈련이란 긍휼의 삶에서 없어서는 안 되는 것이다. 우리의 옛 이름을 부르는 힘과 우리를 경쟁적인 게임으로 밀어 넣으려는 힘은 너무도 강력해서, 훈련 없이는 도저히 그런 것들에 저항할 수가 없다. 매일매일의 삶 속에서 우리는 우리 안에 뿌려진 씨앗들이 질식하지 않도록 무언가를 할 수 있어야 한다. 우리에게는 삶에 형태를 부여하고 인생 길을 안내해 주며 실천할 수 있게 해 주는 자세하고 구체적인 방법이 필요하다. 우리는 긍휼의 삶에 대해서뿐만 아니라 긍휼을 실천하는 길에 대해서도 알아야 한다.

치열한 삶의 현장에 적극적으로 뛰어들기

그렇다면 긍휼의 길은 무엇인가? 긍휼의 길은 바로 인내의 길이다. 인내는 긍휼의 훈련이다. '긍휼'을 뜻하는 'compassion'이라는 단어를 'com-patience'로 읽을 수도 있다는 사실에서 이것은 더욱 분명해진다. 'passion'과 'patience'라는 단어는 둘 다 라틴어 '파티'(*pati*)에서 파생된 것으로, '파티'란 '고난'을 의미한다. 긍휼의 삶이란 다른 사람들과 함께 인내하며 사는 삶이라고 말할 수 있다. 그러므로 긍휼의 삶을 사는 길―긍휼의 훈련―에 대해 묻는다면, 인내야말로 바로 그 해답이다. 인내하지(be patient) 못한다면, 우리는 함께 인내하지도(be compatient) 못한다. 우리 자신이 고난받을 수 없다면, 다른 사람과 함께 고난받을 수도 없다. 우리가 자기 인생의 짐을 지고 갈 힘이 없다면, 우리 이웃의 짐을 받아들일 수도 없다. 긍휼의 주님의 제자에게 인내는 힘들지만 열매 있는 훈련이다.

처음 들을 때는 실망스러울 수도 있겠다. 그저 책임을 회피하는 말처럼 들릴 수도 있으니 말이다. 우리는 '인내'라는 말을 들을 때마다 움츠러드는 경향이 있다. 어린 시절에 우리는 너무도 다양한 상황에서 인내라는 말을 자주 들었기 때문에, 이 말은 달리 해야 할 말을 모를 때 내뱉는 말 같기도 하다. 인내는 보통 기다림을 의미한다. 아버지가 집에 오실 때까지, 버스가 도착할 때까지, 식당 종업원이 음식을 가져올 때까지, 수업이 끝날 때까지, 고통이 수그러들 때까지, 비가 그칠 때까지, 혹은 차가 다 수리될 때까지 기다리는 것을 의미한다. 그래서 **인내**라는 단어는 무력함, 행동할 수 없는 무능력 그리고 대체로 수동적이고 의존적인 상태를 연상시킨다. 그러므로 권위 있는 누군가―부모님, 사제, 목사, 교사 혹은 상관―가 우리에게 좀 참으라고 말할 때, 종종 우리가 쪼그라들고 상처 입는 듯한 느낌을 받는 것도 이해하지 못할 바는 아니다. 또 이 말은 종종 무슨 일이 일어나고 있는지 아무도 말해 주지 않는 상태 그 자체를 의미할 수도 있다. 그래서 우리는 계속 뒤꽁무니만 쫓아가는 신세가 되고, 힘있는 누군가가 우리에게 다시 움직이라는 결정을 내려 줄 때까지는 그저 수동적으로 기다리고 있을 수밖에 없는 상황을 의미할 수도 있다. **인내**라는 단어처럼 깊고 풍부한 의미를 지닌 말이, 우리 머릿속에서는 그렇게 굴절된 내력을 지니고 있다는 것은 매우 슬픈 사실이다. 그런 내력 때문에, **인내**라는 단어를 힘있는 사람이 힘없는 사람을 자기 통제 아래 둘 때 사용하는 압제적인 단어로 생각하지 않기가 매우 힘들다. 사실 매우 영향력 있는 위치에 있는 사람들이, 교회나 사회에서 반드시 필요한 변화를 피하고자 할 때 인내하라고 권하는 경우도 적지 않게 있다.

하지만 진정한 인내는 수동적인 기다림, 즉 무슨 일이 생기든지 내버려 둔 채 다른 사람들이 알아서 결정하도록 하는 태도와는 완전히 반대되는 것이다. 인내는 치열한 삶의 현장에 적극적으로 뛰어들어서 우리의 내면과 주변에 있는 고난을 충만히 견뎌 내는 것을 의미한다. 인내란 우리 삶의 내적·외적 사건들을 가능한 한 충만히 보고 듣고 만지고 맛보고 냄새 맡을 수 있는 능력을 말한다. 인내는 눈과 귀와 손을 활짝 열고 우리의 삶 속으로 들어가서 무슨 일이 일어나고 있는지를 진정으로 아는 것을 말한다. 인내는 상당히 어려운 훈련이다. 왜냐하면 그것은 도망치든가 맞서 싸우든가 둘 중의 하나만 취하려는 우리의 무분별한 충동과 반대되는 행동이기 때문이다. 길에서 사고가 난 것을 보면, 우리 안에 있는 무엇인가가 액셀러레이터를 더 밟게 만든다. 누군가가 민감한 문제를 제기하면, 우리 안에 있는 무엇인가가 우리로 하여금 화제를 바꾸게 만든다. 부끄러운 기억이 떠오를라치면, 우리 안에 있는 무엇인가가 그것을 잊어버리려고 한다. 그리고 만일 도망칠 수 없는 상황이라면, 우리는 맞서 싸운다. 우리의 견해에 도전하는 사람과 싸우고, 우리의 권력에 문제를 제기하는 사람과 싸우며, 우리에게 변화를 강요하는 환경과 싸운다.

그러나 인내는 우리에게 도망치거나 그렇지 않으면 싸우는 양자택일을 넘어서라고 요구한다. 이것은 제3의 길, 가장 어려운 길이다. 인내에는 훈련이 요구된다. 왜냐하면 인내는 우리의 충동에 반하는 것이기 때문이다. 인내는 지금 여기서 우리에게 제시되는 바와 더불어 머무르는 것, 그것을 헤쳐 나가는 것, 그것을 주의 깊게 듣는 것과 관련된다. 인내는 누군가가 고통 가운데서 즉각적인 관심을 필요로 할 때 가던 길을 멈추는 것을 의미한다. 인내는 논란이 되는 주제에 대한 두려움을 극복하는 것을 의미한다. 그것은 부끄러운 기억에 대해 관심을 가지고, 잊으려 하기보다는 용서를 구하는 것을 의미한다. 그것은 성실한 비판을 기꺼이 받아들이고, 변화하는 상황을 평가하는 것을 의미한다. 간단히 말해서, 인내는 기꺼이 영향을 받고자 하는 마음이다. 심지어는 통제를 포기하고 미지의 땅으로 들어가야 하는 상황일지라도 말이다.

예수님과 신약의 저자들은 이 적극적인 인내에 대해 할 말이 많았던 사람들이다. 인내에 해당하는 헬라어는 '휘포모네'(*hypomonē*)다. 이 단어는 영어에서 성경 본문에 따라 'patience', 'endurance', 'perseverance', 'fortitude' 등 다양한 단어로 번역되었는데, 이것은 우리가 다루고 있는 이 단어의 의미가 매우 풍부하다는 사실을 암시한다. 예수님은 인내에 대해서 말씀하실 때, 이것이야말로 생명을 주시는 하나님의 임재를 분명하게 드러내는 훈련이라고 설명하셨다. 인내는 씨가 뿌려졌을 때 "백 배의 결실을" 맺는 기름진 땅에 비유되는 사람들의 자질이다. 예수님은 말씀하셨다. "좋은 땅에 있다는 것은 착하고 좋은 마음으로 말씀을 듣고 지키어 인내(*hypomonē*)로 결실하는 자니라"(눅 8:8, 15).

예수님은 이 인내가 자신을 따르는 자들의 삶에서 중심이 되어야 한다고 생각하신 것이 분명하다. "심지어 부모와 형제와 친척과 벗이 너희를 넘겨 주어 너희 중의 몇을 죽이게 하겠고 또 너희가 내 이름으로 말미암아 모든 사람에게 미움을 받을 것이나 너희 머리털 하나도 상하지 아니하리라. 너희의 인내(*hypomonē*)로 너희 영혼을 얻으리라"(눅 21:16-19). 예수님은 자신의 추종자들이 싸우거나 도망치지 않고 인간 존재의 소란함 속으로 완전히 들어가기를 바라신다. 심지어는 제자들에게 법정에서 스스로를 변호할 경우 어떤 말을 할지 미리 준비하지 말라고까지 하신다. 고난의 한가운데서 그들은 지혜를 주시는 긍휼의 주님의 음성을 발견하게 될 것이다. "내 이름으로 말미암아 [너희를]…임금들과 집권자들 앞에 끌어 가려니와…너희는 변명할 것을 미리 궁리하지 않도록 명심하라. 내가 너희의 모든 대적이 능히 대항하거나 변박할 수 없는 구변과 지혜를 너희에게 주리라"(눅 21:12-15).

예수님이 말씀하신 이 적극적이고 강력하며 결실 있는 인내에 대하여, 사도 바울, 베드로, 야고보, 요한은 인내야말로 진정한 제자도의 특징이라고 끊임없이 격찬해 마지않았다. 특히 바울은 인내가 발하는 능력에 대해 우리에게 심오한 통찰을 제공해 준다. 그는 친구인 디모데에게 인내하고 온유할 것을 부탁하고(딤전 6:11), 골로새에 있는 그리스도인들에게 이렇게 썼다. "긍휼과 자비와 겸손과 온유와 오래 참음을 옷 입고"(골 3:12). 그는 주저 없이 자신을 인내의 본보기로 제시하고(딤후 3:10), 인내를 그 자신과 그의 사람들 사이의 친밀한 결속의 근원으로 본다. "우리가 환난당하는 것도 너희가 위로와 구원을 받게 하려는 것이요 우리가 위로를 받는 것도 너희가 위로를 받게 하려는 것이니 이 위로가 너희 속에 역사하여 우리가 받는 것 같은 고난을 너희도 견디게 하느니라. 너희를 위한 우리의 소망이 견고함은 너희가 고난에 참여하는 자가 된 것같이 위로에도 그러할 줄을 앎이라"(고후 1:6-7). 바울이 보기에 인내는 정말로 긍휼의 삶에 꼭 필요한 훈련이었다. 그는 로마에 있는 그리스도인들에게 영광스럽고도 승리에 찬 어조로 말한다. 우리는 인내를 통해서 하나님의 긍휼 어린 사랑을 증거하는 살아 있는 표적이 된다고 말이다. "우리가 환난 중에도 즐거워하나니 이는 환난은 인내를, 인내는 연단을, 연단은 소망을 이루는 줄 앎이로다. 소망이 우리를 부끄럽게 하지 아니함은 우리에게 주신 성령으로 말미암아 하나님의 사랑이 우리 마음에 부은 바 됨이 니"(롬 5:3-5).

하나님의 긍휼 어린 임재가 우리의 인내, 연단, 오래 참음, 참을성을 통해서 분명하게 드러난다는 이러한 확신이야말로, 인내를 훈련해야 할 가장 중요한 동기다. 야고보는 이 사실을 아름답게 표현하고 있다. "보라. **인내하는 자**(hypomeinantas)를 우리가 복되다 하나니 너희가 욥의 **인내**(hypomonē)를 들었고 주께서 주신 결말을 보았거니와 주는 가장 자비하시고 긍휼히 여기는 이시니라"(약 5:11). 이렇게 신약성경은 인내의 훈련을 제자된 삶의 길로서 제시한다. 우리는 그 인내를 통해 이 세상 속에서 하나님의 긍휼 어린 임재를 드러내는 살아 있는 표적이 되는 것이다.

충만한 시간을 살기

우리는 치열한 삶의 현장으로 적극적으로 들어가는 인내를 통해, 시간에 대한 새로운 경험을 하기 시작한다. 인내를 통해 우리는 다음과 같은 사실을 깨닫는다. 예수 그리스도와 더불어 제자도에 들어선 그리스도인들은, 새로운 마음으로 살뿐만 아니라 또한 새로운 시간 속에서 살게 된다는 사실이다. 인내의 훈련은, 그리스도께서 인도하시는 이 새로운 시간에 맞추어 지각하고 결정하기 위해 집중적으로 노력하는 것을 말한다. 긍휼의 길을 함께 가도록 기회와 상황을 제공하는 것이 바로 이 새로운 시간이다.

옛 시간과 새로운 시간의 차이를 좀더 분명히 파헤치고 인내의 훈련의 중요성을 좀더 깊이 인식하기 위해서, 우리가 참지 못하는 조급한 순간을 한번 살펴보자. 조급함(impatience)은 항상 시간과 연루되어 있다. 연설자에 대해 조급해할 때, 우리는 그들이 연설을 중단하든지 아니면 다른 주제로 넘어가 주기를 바라는 것이다. 어린이들에 대해 참지 못하고 조급해할 때, 우리는 그 애들이 울음이나, 아이스크림을 사 달라고 조르는 것이나 이리저리 뛰어다니는 것을 멈추기를 바라는 것이다. 자신에 대해 조급해할 때, 우리는 우리의 나쁜 습관을 바꾸거나 주어진 일을 끝내거나 좀더 빨리 앞으로 나아가기를 원하는 것이다. 우리가 조급해하는 원인이 무엇이든, 우리는 자신이 처해 있는 물리적 혹은 정신적 상태를 떠나서 덜 불편한 다른 상태로 이동하고 싶어 한다. 우리는 조급함을 표현할 때, 만사가 가능한 한 빨리 변화되어 주었으면 하는 갈망을 드러낸다. "그가 빨리 좀 오면 좋겠는데.…여기서 한 시간을 기다렸는데 아직도 기차가 오지 않네.…설교가 끝이 없구먼.…얼마나 더 기다려야 거기 도착하는 거야?" 이러한 표현들은 내면의 불안을 드러낸다. 내면의 불안은 식탁 아래서 발을 동동 구른다든지 초조하게 손가락을 비비 꼰다든지 혹은 입을 딱 벌리고 긴 하품을 하는 형태로 종종 나타난다. 근본적으로 조급함이란 공허하고 무익하며 무의미한 순간을 경험하는 것이다. 그것은 가능한 한 빨리 지금 여기서 도피하고 싶은 마음이다.

때로는 조급한 감정에 너무도 완전히 사로잡혀서, 더 이상 그 순간에 의미를 부여하지 못하게 될 수도 있다. 예를 들면, 비행기는 세 시간이나 연착할 것이고 그 사이에 급하게 해야 할 일이 없다는 사실을 알고 있으면서도, 우리는 너무 안절부절못하며 조급해하는 바람에 평소 읽고 싶었던 책을 읽거나 쓰고 싶었던 편지를 쓰거나 그렇게도 바랐던 조용한 기도 시간을 갖는 일을 할 수 없는 경우가 있다. 우리를 온통 사로잡는 유일한 바람은 오로지 이 장소와 이 시간을 벗어나는 것이다. 그 순간 다른 소망은 전혀 없는 것이다.

여행을 많이 하는 사람들은 종종 공항이나 비행기에서, 혹은 기차나 버스 안에서 보내는 많은 시간 동안 한 일이 별로 없다고 불평하곤 한다. 그들의 관심을 분산시키는 특별한 것이 전혀 없음에도 불구하고, 그들은 좋은 의도로 계획한 일들 즉 서류를 검토하는 일, 강의 준비, 당면한 문제들을 깊이 생각해 보는 일 등을 제대로 하지 못하는 경우가 종종 있다. 운송업계의 지배적인 분위기가 지금 여기에서 다른 곳으로 이동하는 것에 지나치게 몰두되어 있기 때문에, 진짜 무언가에 집중해서 일을 하려면 평소보다 훨씬 더 많은 노력이 필요한 것 같다. 사실 운송 사업이란 조급함을 상업화한 것이라 할 수 있다. 때로는 조급한 사람들 때문에 힘든 경우도 있겠지만, 너무나 잘 참는 사람들만 있다면 많은 운송 회사들은 파산하고 말 것이다. 사람들은 계속 이동해야만 한다. 공항의 커피숍에서 책을 읽는 일조차도 참아 내기 힘들 정도로 말이다.

이런 조급함의 근거는 무엇인가? 바로 시계 시간에 맞춰 사는 것이다. 시계 시간은 일직선적인 시간 개념으로서, 이 시간 개념에 따라 우리의 삶은 벽시계, 손목시계, 달력에 나오는 추상적인 단위로 측정된다. 이러한 측정 단위들은 우리에게 몇 달, 며칠, 몇 시간, 몇 초가 남아 있는지를 말해 주고, 우리가 얼마나 더 오래 말하고 듣고 먹고 노래하고 공부하고 기도하고 잠자고 놀고 머무를 수 있는지를 결정해 준다. 우리의 삶은 각종 시계들의 지배를 받고 있다. 특히 한 시간 단위의 시간 개념이 주는 압박감은 엄청나다. 방문 시간, 치료 시간, 심지어는 해피 아워(happy hour: 술집 같은 곳에서 음료를 할인 또는 무료 제공하는 시간—편집자 주)까지 정해져 있다. 제대로 인식할 겨를도 없이, 우리의 가장 깊은 정서는 시계가 주는 영향력에 사로잡히곤 한다. 병원과 공항에 걸려 있는 커다란 벽시계는 우리 내면에 상당한 동요와 많은 눈물을 자아내지 않았던가.

시계 시간은 외적인 시간, 즉 엄격하고 무자비한 객관성만을 지닌 시간이다. 시계 시간에만 치중하다 보면 우리는 우리가 얼마나 더 살아야 하는지, 혹은 '진정한 삶'은 이미 지나가 버린 것이 아닌지 고개를 갸웃거리게 된다. 시계 시간은 오늘 하루도 우리에게 실망만을 안겨 준 채 내일, 다음 주, 혹은 내년에야말로 '진정한 삶'이 올 것이라고 암시하는 것 같다. 시계 시간은 계속 이렇게 말한다. "서둘러, 서두르란 말이야. 시간이 얼마나 빨리 지나가는데. 정말 중요한 걸 놓칠지도 모르잖아! 하지만 아직 기회는 있어…서둘러 결혼하고 직장을 잡고, 빨리 외국 여행을 하고, 어서 책을 읽고 학위를 따란 말이야. 시간이 다 가기 전에 빨리 모든 걸 얻어 내야지." 시계 시간은 항상 우리로 하여금 어디론가 출발하게 한다. 시계 시간은 조급함을 양산해 내고 긍휼 어린 함께함은 막아 버린다.

하지만 다행스러운 것은, 우리들 대부분의 삶에 이와는 다른 순간들도 있다는 사실이다. 바로 인내의 경험이 편만한, 질적으로 다른 순간들 말이다. 삶에서 그런 순간이 많지는 않았을 수도 있지만, 그런 순간들은 너무도 소중한 기억이어서 우리가 불안하고 긴장된 시기를 지날 때 소망과 용기를 줄 수 있다. 이 인내의 순간들은 우리가 시간에 대해 매우 다른 경험을 하게 된 순간들이다. 그것은 바로 그 순간을 충만하고 풍요로우며 의미 있게 보냈던 경험이다. 이런 경험들은 우리로 하여금 지금 있는 그 자리에 머물면서 모든 것을 받아들이고 싶은 마음이 들게 한다. 이런 순간 속에는 모든 것이 들어 있다는 것을 우리는 어느 정도 알고 있다. 시작과 중간과 끝, 과거와 현재와 미래, 슬픔과 기쁨, 기대와 실현, 추구와 발견 등. 이런 인내의 순간들은 각각 상당히 다를 수도 있다. 때로는 그저 아픈 사람의 병상에 앉아서, 함께한다는 것 자체가 가장 중요한 것임을 깨달을 때 그런 순간이 올 수도 있다. 혹은 늘 해야 할 일을 하다가 갑자기 살아 있다는 것, 일할 수 있다는 것이 얼마나 좋은지를 깨달을 때 그런 순간이 올 수도 있다. 또 조용한 교회에서 모든 것이 지금 여기에 존재하고 있다는 것을 예기치 않게 깨달을 때 그런 순간이 올 수도 있다. 우리는 이런 순간들, 혹은 이와 비슷한 순간들을 깊이 감사하는 마음으로 기억한다. 이렇게 말하면서 말이다. "마치 시간이 멈춘 것 같았어. 모든 것이 함께 밀려와서 그냥 그대로 있었지. 그 순간을 결코 잊을 수 없을 거야." 이런 순간이라고 해서 반드시 행복하거나 기쁘거나 황홀한 것은 아니다. 오히려 슬픔과 고통으로 가득하거나 고뇌와 갈등으로 점철되어 있을 수도 있다. 중요한 것은 충만함, 내면의 중요성, 성장을 경험하는 것이다. 중요한 것은 그 순간에 진정한 삶이 우리를 감동시켰다는 사실을 아는 것이다. 우리는 그런 순간으로부터 이동하는 것을 원치 않는다. 오히려 그 순간을 충만하게 살고 싶어 한다.

다음의 상황은 그런 순간이 어떻게 진리의 순간으로서 경험

될 수 있는지를 잘 보여 준다. 우리가 몇몇 친구와 함께 있다고 하자. 시급한 논제에 대해 토의하는 것도 아니고, 아무런 계획도 세우지 않았다. 우리 모임 밖에 있는 사람들에 대해 이야기하지도 않는다. 오가는 말이 별로 없다. 그러나 우리는 서로의 상처를 잘 알고 있다. 아직 해결되지 않은 갈등도 많다는 것을 알고 있다. 하지만 두려움이 없다. 우리는 온유하고 인내하는 마음으로 서로를 바라볼 뿐이다. 그리고 우리는 깨닫는다. 우리가 어떤 위대한 사건의 일부라는 사실을, 우리의 삶에서 일어날 수 있는 모든 것이 지금 여기서 일어나고 있다는 것을, 이 순간이야말로 충만한 진리를 품고 있다는 것을 말이다. 그리고 우리가 어디로 가든지 이 순간은 우리와 함께하리라는 것을. 우리는 시공간 속에 존재하는 거리감 따위로는 끊을 수 없는 사랑과 소망의 띠로 친구들과 묶여 있다는 사실을 깨닫는다. 우리는 진정한 연합과 평화가 무엇인지 알게 되고, 우리 존재의 세포 세포마다 내적인 힘이 퍼져 나가는 것을 느낀다. 그리고 자기도 모르게 이렇게 말한다. "이것이 은혜야."

인내는 시계 시간을 쫓아내고 새로운 시간, 즉 구원의 시간을 드러낸다. 이 시간은 시계나 달력으로 측정되는 추상적이고 객관적인 단위의 시간이 아니라, 내면에서 충만하게 살아 내는 시간이다. 성경이 말하는 시간도 바로 이런 시간이다. 복음서가 말하는 위대한 사건들은 모두 이 충만하게 찬 시간 속에서 일어났다. 헬라어를 문자적으로 번역해 보면 이 사실을 분명히 알 수 있다. 엘리사벳은 **기한이 차서** 아들을 낳았다(눅 1:57). 마리아도 날수가 **다 차서** 예수를 낳았다(눅 2:6). 결례의 날이 **차매** 요셉과 마리아는 아기를 데리고 예루살렘에 올라갔다(눅 2:22). 그리고 진정한 사건은 항상 이렇게 시간이 다 찼을 때 일어난다. 그 **일이 일어났다**는 말은 헬라어로 '에게네토'(egeneto)로서, 항상 외적인 시간으로 측정되는 사건이 아니라 내적으로 무르익은 시간으로 측정되는 사건을 선포하는 말이다. 헤롯왕 때 사가랴가 성전을 섬기는 제사장이 되는 **일이 일어났다**(눅 1:5). 팔 일이 되매 부모가 아기 요한을 데리고 와서 할례를 주는 **일이 일어났다**(눅 1:59). 이때 아우구스투스 황제가 영을 내리는 **일이 일어났다**(눅 2:1). 요셉과 마리아가 베들레헴에 있을 때 마리아의 해산할 날이 차는 **일이 일어났다**(눅 2:6). 이 모든 일은 은혜와 구원의 순간으로서 선포된다. 따라서 우리는 하나님의 강림이라는 이 위대한 사건이 시간의 충만함 속에서 일어난 사건으로 인식되고 있음을 보게 된다. 예수님은 "때가 **찼고** 하나님의 나라가 가까이 왔으니"(막 1:15)라고 선포하셨으며, 바울은 갈라디아에 있는 그리스도인들에게 보내는 편지에서 이 위대한 소식을 다음과 같이 요약했다. "때가 **차매** 하나님이 그 아들을 보내사 여자에게서 나게 하시고…우리로 아들의 명분을 얻게 하려 하심이라"(갈 4:4-5).

인내의 훈련을 통해서 발견할 수 있는 것은 새로운 삶으로 가득 찬 이 충만한 시간이다. 우리가 시계와 달력의 노예로 있는 한, 우리의 시간은 공허할 따름이며 아무 일도 일어나지 않는다. 그리하여 우리는 은혜와 구원의 순간을 놓치게 된다. 하지만 다른 곳에서 보물을 찾을 수 있으리라는 잘못된 희망에 사로잡혀서 고통스런 순간을 피하려 하지 않고 인내를 발휘한다면, 시간의 충만함이 이미 여기 있으며 구원도 이미 일어나고 있음을 서서히 보게 될 것이다. 또한 그럴 때 우리는 모든 인간적인 사건이 그리스도 안에서 그리스도를 통해 신적인 사건—우리는 그 사건 속에서 하나님의 긍휼 어린 임재를 발견한다—이 될 수 있음을 발견할 것이다.

더불어 삶을 경축하는 시간

인내는 긍휼의 훈련이다. 왜냐하면 우리는 인내를 통해서 시간의 충만함을 살 수 있고 다른 사람들도 그 삶을 공유하도록 초대할 수 있기 때문이다. 하나님이 우리에게 구원을 베푸신다는 사실을 알 때, 우리는 다른 사람들과 함께하면서 삶을 경축할 수 있는 엄청난 시간을 가지게 된다.

경직된 시간대를 따라 살게 만드는 시계 시간의 희생자로 남아 있는 한, 우리는 긍휼 없는 삶을 살 수밖에 없다. 시계를 따라 살 때는 서로에게 내어 줄 시간이 없다. 계속 다음 약속만 따라 갈 뿐, 길 옆에 서서 도움을 필요로 하는 사람들은 눈에 들어오지 않는다. 우리는 무언가 중요한 것을 놓쳤다는 근심을 더 많이 하게 되고, 인간의 고통이란 우리의 계획 속에 끼어드는 방해거리라고 생각하게 된다. 우리는 끊임없이 나만의 자유로운 저녁 시간, 자유로운 주말, 자유로운 한 달에만 관심을 쏟을 뿐, 하루하루를 함께 살며 함께 일하는 사람들을 누릴 여유를 잃어버린다. 하지만 이런 시계 시간의 손아귀에서 빠져나와 하나님의 풍요로움이 가득한 내적인 시간을 살기 시작하면, 긍휼이 눈에 보이기 시작한다. 인내가 우리에게 탄생과 죽음, 성장과 쇠퇴, 빛과 어두움의 자연적인 리듬을 가르쳐 주고, 우리로 하여금 모든 감각을 통해 이 새로운 시간을 경험하게 해 줄 때, 우리는 동료 인간들을 위한 무한한 공간을 발견하게 된다.

인내를 통해 우리는 많은 다양한 사람들에게 마음을 열게 되고, 그들은 모두 하나님의 임재의 충만함을 맛보도록 초청받을 수 있다. 인내를 통해 우리는 어린아이들에게 마음을 열고, 하나님의 긍휼 어린 눈으로 볼 때 그들의 어린 시절은 후에 성인이 된 시절만큼이나 중요하다는 것을 인식한다. 인내를 통해 우리는 삶에서 진정 중요한 것은 수명이 아니라 삶의 충만함이라는 것을 깨닫는다. 인내를 통해 우리는 노인들에게 마음을 열고, 그들의 가장 중요한 시절은 이미 지나가 버렸다는 시계 시간에 근거한 판단을 하지 않게 된다. 인내는 우리를 병든 자들, 죽어 가는 자들에게로 인도하여, 우리로 하여금 진정으로 함께하는 1분이 일평생 겪은 쓰라림을 없앨 수 있음을 느끼게 해 준다. 인내를 통해 우리는 질주하는 젊은 경영자에게 안식과 기쁨의 순간을 가져다주고, 바쁘게 사는 젊은 부부가 진정한 침묵을 창출하도록 도울 수 있다. 인내는 우리로 하여금 자신에 대해서는 신경을 덜 쓰게 해 준다. 그리고 인내는 우리가 박애주의와 섬김에 의거해서 세워 놓은 많은 계획을 시계와 달력이 그어 놓은 시간의 선에 따라 행하려는 자세로 돌아갈 때마다, 우리에게 의심의 눈초리를 보낸다. 인내는 우리로 하여금 사랑하고 보살피며 온유하고 부드러운 사람이 되게 하고, 하나님이 주신 풍부한 선물에 항상 감사하는 마음을 갖게 한다.

인내의 사람들을 알아보는 것은 그리 어렵지 않다. 그런 사람이 있으면 우리 안에 무언가 매우 깊이 있는 일이 일어난다. 그들은 우리를 근심스런 불안으로부터 끌어내어 하나님의 시간의 충만함 속으로 데려간다. 그들이 있으면 우리는 우리가 얼마나 사랑받고 용납받고 보살핌받고 있는지를 느끼게 된다. 우리를 근심에 잠기게 하는 크고 작은 많은 일은 갑자기 힘을 잃고, 우리는 우리가 진정으로 갈망한 모든 것이 바로 이 긍휼의 한 순간에 실현되고 있음을 깨닫게 된다.

교황 요한 23세(John XXIII)는 그런 인내와 긍휼의 사람이었다. 그가 있으면 사람들은 복잡하게 얽힌 세상사에서 건짐받는 느낌이 들었고, 많은 두려움과 걱정을 내려놓을 수 있는 새로운 지평을 발견하였다. 농부들, 사무실 근로자들, 학생들, 주부들 중에서 많은 사람들이 또한 그런 사람이다. 그들은 조용하고 별로 드러나지 않는 방법으로 친구들, 자녀들, 이웃을 하나님의 시간의 충만함에 참여하게 하고, 그리하여 그들에게 하나님의 은혜로운 긍휼을 제공한다.

이렇게 인내는 긍휼을 베푸는 한 방법으로서, 우리를 긍휼의 삶으로 인도한다. 인내는 제자가 되는 데 필요한 훈련이다. 우리는 인내를 일상적인 삶이라는 직물 속에 짜 넣어야 하기 때문에, 이제 이 인내의 훈련이 기도와 행동의 삶 속에서 어떤 특성과 모양을 지녀야 할지 좀더 상세히 살펴보기로 하겠다.

8장
기도

빈손 들고 나아가

인내의 훈련은 기도와 행동 속에서 실천된다. 기도와 행동은 인내의 훈련에 필수적인 요소다. 이번 장에서는 어떻게 우리가 기도를 통해 지금 여기서 벌어지는 고난을 견뎌 내고 우리 삶의 중심에서 긍휼의 하나님을 찾을 수 있는지에 대해 탐구해 보고자 한다.

처음 볼 때는 기도를 인내의 훈련과 연관시키는 것이 이상하게 보일 수도 있을 것이다. 하지만 조급함이 우리로 하여금 기도하지 못하게 한다는 사실을 조금만 생각해 보면 그 이유를 금방 알 수 있다. 우리는 얼마나 자주 이렇게 말하곤 했는가! "너무 바빠서 기도를 할 수가 없어." "급한 일이 너무나 많아서 도저히 기도할 짬을 낼 수가 없어." "내가 기도를 하려고 할 때마다 다른 게 내 관심을 끈단 말이야." 급한 일과 위급한 상황으로 가득해 보이는 사회에서, 기도란 부자연스런 행동으로 비치는 것 같다. 자기도 모르는 사이에 우리는 '무언가를 하는 것'이 기도보다 중요하다는 생각을 받아들이고, 기도란 다만 급한 일이 전혀 없을 때 하는 것으로 생각하게 되어 버린 것 같다. 우리는 기도의 중요성을 강조하는 사람에 대해서 말로는 혹은 지적으로는 동의할지 모르지만, 기실은 조급한 세상의 자녀들이 되어 버려서 우리의 행동을 통해 기도란 시간 낭비라는 견해를 표현하고 있다.

이런 난감한 상황은 기도를 일종의 훈련으로 보는 견해가 얼마나 절실한지를 보여 준다. 기도는 이 세상에 대한 우리의 가장 자연스런 반응이 아니기 때문에, 기도에 관한 한 집중적인 노력이 반드시 필요하다. 충동대로만 한다면, 우리는 기도하기 전에 항상 무언가를 행하고 싶어 할 것이다. 종종 우리가 하고자 하는 일—신앙 훈련 프로그램 짜기, 무료 급식소 봉사, 사람들의 어려움에 귀 기울이기, 문병 가기, 예배 형식 짜기, 수감자들이나 정신병자들을 위한 활동—은 너무도 의심의 여지 없이 선한 일로 보이기 때문에, 이런 일조차도 조급함에서 비롯되며 따라서 하나님의 긍휼보다는 우리 자신의 필요를 드러내는 표시일 수 있음을 깨닫기는 상당히 어렵다. 그러므로 기도는 여러 면에서 그리스도인의 삶의 표준이다. 기도는 빈손으로, 벌거벗고 나약한 모습으로 하나님의 임재 앞에 서서, 하나님 없이는 우리가 아무것도 할 수 없음을 우리 자신과 다른 사람들에게 선포하는 것이다. 이런 태도는 "최선을 다하라. 그리하면 나머지는 하나님이 알아서 하실 것이다"라고 충고하는 오늘날의 지배적인 분위기에서는 쉽지 않은 일이다. 삶을 '우리의 최선'과 '하나님의 뒷처리'로 이분화시키면, 기도는 그저 우리의 자원이 다 고갈된 다음에 의지하는 마지막 보루가 되어 버린다. 그때는 주님조차도 우리의 조급함의 희생양이 되어 버린다. 제자도란 우리가 우리 힘으로는 제대로 일할 수 없을 때 하나님을 이용하는 것이 아니다. 반대로, 제자도란 우리는 아무것도 할 수 없지만 하나님은 우리를 통해서 무엇이든 하실 수 있음을 인정하는 것이다. 제자된 우리는 하나님 안에서 우리의 힘, 소망, 용기, 확신의 전부—일부가 아니라—를 발견한다. 그러므로 기도야말로 우리의 가장 우선적인 관심사가 되어야 한다.

이제 기도의 실천에 대해 좀더 깊이 살펴보도록 하자. 지금까지 우리가 이야기한 모든 것을 통해서 볼 때, 기도란 하나님을 우리 편으로 끌어들이기 위해서 하나님과 접촉하려고 노력하는 것이 아님이 분명하다. 제자도를 더욱 강인하고 깊이 있게 해 주는 훈련으로서의 기도란, 예수 그리스도를 통해서 우리에게 주어진 하나님의 영이 우리에게 자유롭게 말씀하시는 것을 방해하는 모든 것을 제거하려는 노력이다. 기도 훈련이란 우리의 조급한 충동에 얽매여 있는 하나님의 영을 자유롭게 하는 훈련이다. 이것은 하나님의 영이 원하시는 곳으로 움직여 가시도록 해 드리는 방법이다.

영으로 하는 기도

지금까지는 성령에 대한 언급을 거의 하지 않았다. 하지만 하나님이 우리를 그분의 거룩한 삶의 친밀함으로 이끄시기 위해 보내 주신 성령에 대해 말하지 않고서는 기도에 대해서 말할 수 없다. 그리스도인의 삶은 그리스도의 영(Spirit) 안에서 사는 삶이기 때문에 영적인 삶이다. 하지만 "우리를 선하게 대해 주셨던 그분의 정신(spirit) 안에서 이 일을 하도록 합시다"라고 서로에게 말할 때 볼 수 있는 것처럼, 이 진리는 쉽게 오해될 수 있다. 복음은 성령에 대해서 훨씬 더 강력한 어조로 말한다. 성령은 하나님 아버지께서 예수님의 이름으로 보내 주신 거룩한 영이시다(요 14:26). 이 거룩한 영이야말로 거룩한 삶 그 자체이며, 우리는 이 영을 통해서 그리스도의 형제 자매가 될 뿐만 아니라 하나님 아버지의 아들과 딸이 된다. 그래서 예수님도 다음과 같이 말씀하셨다. "내가 떠나가는 것이 너희에게 유익이라. 내가 떠나가지 아니하면 보혜사(성령)가 너희에게로 오시지 아니할 것이요…그가 너희를 모든 진리 가운데로 인도하시리니…내 것을 가지고 너희에게 알리시겠음이라. 무릇 아버지께 있는 것은 다 내 것이라"(요 16:7-15).

그러므로 성령을 받아들이는 것은 성부와 성자의 삶을 받아들이는 것이다. 참된 제자도, 즉 그리스도께서 걸어가신 길을 따를 뿐만 아니라 그리스도께서 하나님과 나누셨던 가장 친밀한 삶에 우리도 동참하는 제자도를 가능케 하는 분도 바로 이 성령이시다. 바울은 갈라디아에 있는 그리스도인들에게 쓴 편지에서 이 진리를 강력하게 표현하고 있다. "너희가 아들이므로 하나님이 그 아들의 영을 우리 마음 가운데 보내사 아빠 아버지라 부르게 하셨느니라"(갈 4:6; 참고. 롬 8:15). 그리하여 바울은 또한 이렇게 결론 내릴 수 있었다. "이제는 내가 사는 것이 아니요 오직 내 안에 그리스도께서 사시는 것이라"(갈 2:20).

영적인 삶이란 성령 안에서 사는 삶이다. 아니, 좀더 정확히 말하자면, 우리 안에 계시는 성령의 삶이다. 우리로 하여금 새로운 시간 속에서 새로운 삶을 살게 해 주는 것이 바로 이 영적인 삶이다. 이 사실을 제대로 이해하기만 하면, 기도의 의미는 분명해진다. 기도는 우리 안에 있는 성령의 삶의 표현이다. 기도는 우리가 해내는 것이 아니라, 성령께서 우리 안에서 하시는 것이다. 바울은 고린도인들에게 이렇게 쓰고 있다. "성령으로 아니하고는 누구든지 예수를 주시라 할 수 없느니라"(고전 12:3). 또한 로마인들에게는 이렇게 쓰고 있다. "이와 같이 성령도 우리의 연약함을 도우시나니 우리는 마땅히 기도할 바를 알지 못하나 오직 성령이 말할 수 없는 탄식으로 우리를 위하여 친히 간구하시느니라. 마음을 살피시는 이가 성령의 생각을 아시나니 이는 성령이 하나님의 뜻대로 성도를 위하여 간구하심이니라"(롬 8:26-27). 기도는 성령께서 하시는 일이다.

이로 볼 때 인내의 훈련으로서의 기도란, 성령께서 우리 안에서 그분의 재창조 사역을 하시도록 우리를 내어 드리는 인간 편에서의 노력이다. 이 훈련에는 여러 가지가 포함된다. 저편 어디선가 구원이 임해 주겠지 하는 순진한 희망을 품은 채 현재의 순간에서 도피하는 일은 하지 않기로 계속 선택하는 것이 포함된다. 또한 성령의 움직임을 분별하기 위해 사람들의 말과 벌어지는 사건들을 주의 깊게 경청하기로 단호히 결단하는 것이 포함된다. 또한 우리의 주의를 끌려고 정신을 산만하게 하는 많은 것들로 인해 마음이 복잡해지지 않도록 끊임없이 분투하는 것도 포함된다. 하지만 그 무엇보다도 매일 홀로 하나님 앞에 나아가 성령의 음성을 듣는 시간을 따로 떼어 놓는 것이 가장 중요하다. 이 기도의 훈련을 통해 우리는 분주한 삶의 한가운데서도 생명을 주시는 하나님의 영의 임재를 분별할 수 있게 되고, 그 거룩한 영이 우리의 삶을 끊임없이 변화시키시도록 내어 드리게 된다. 훈련을 통해 자유로워진 우리는 하나님의 영의 음성을 인내심 있게 들을 수 있게 되고, 우리 안에 계신 그분의 거룩한 움직임을 따라가게 된다. 그리하여 우리는 이 영이 우리에게, 예수님이 말씀하시고 행하신 모든 것을 생각나게 해 주시고(요 14:26; 16:8), 기도하는 방법을 가르쳐 주시며(롬 8:26-27), 우리가 땅 끝까지 증인이 될 수 있도록 능력을 주신다는 것(행 1:8)을 깨닫게 된다. 또한 우리는 성령께서 우리에게 진리를 확실하게 심어 주시고(롬 9:1), 의와 화평과 희락을 가져다 주시며(롬 14:17), 모든 장애물을 넘어서 소망을 품게 하시고(롬 15:13), 모든 것을 새롭게 하신다는 것(딛 3:5)을 이해하게 된다.

기도의 훈련을 통해 우리는 멈추어 서서 듣고, 기다리며 바라보고, 눈으로 보고 맛보며, 관심을 기울이며 깨닫는다. 이 말이 수동적인 태도를 조장하는 것처럼 들릴 수도 있겠으나, 사실 이렇게 하려면 상당한 의지력과 열의가 필요하다. 우리는 기도 훈련을 내면적 이동의 한 형태로 생각할 수도 있다. 세상에 대한 평범하고 적당한 반응은, 라디오를 켜고 신문을 펼쳐 들고 영화를 보러 가고 더 많은 사람들과 이야기를 나누는 것, 혹은 새롭게 관심과 주의를 끄는 것들을 조급한 마음으로 찾아다니는 것이다. 반면 기도 속에서 인내심 있게 성령의 음성에 귀 기울이는 것은 급진적인 이동으로서 처음엔 평소 같지 않은 불편함이 느껴질 것이다. 우리는 조급한 생활 방식에 너무도 익숙한 나머지, 이런 순간이 주는 것에 대해 거의 기대하지 않는다. '기도를 통해 산다'든지 '기도 가운데 머무르려는'

시도들은 모두 우리의 평소 습관과는 너무도 반대되는 것이라서, 우리의 모든 충동이 그것에 저항한다. 하지만 훈련을 통해 신실해지면, 우리는 서서히 무언가 깊고 신비로우며 창조적인 것이 지금 여기서 일어나고 있고 우리가 그것에 이끌리고 있음—우리의 충동에 의해서가 아니라 성령에 의해서—을 감지하기 시작한다. 우리는 내적인 이동을 통해 긍휼의 하나님의 임재를 경험한다. 바울은 디도에게 다음과 같이 썼다.

> 우리 구주 하나님의 자비와 사람 사랑하심이 나타날 때에 우리를 구원하시되 우리가 행한 바 의로운 행위로 말미암지 아니하고 오직 그의 긍휼하심을 따라 중생의 씻음과 성령의 새롭게 하심으로 하셨나니 우리 구주 예수 그리스도로 말미암아 우리에게 그 성령을 풍성히 부어 주사 우리로 그의 은혜를 힘입어 의롭다 하심을 얻어 영생의 소망을 따라 상속자가 되게 하려 하심이라. 이 말이 미쁘도다. (딛 3:4-8)

기도는 우리에게 긍휼의 하나님의 영을 드러내 보여 준다. 따라서 기도는 제자도를 뒷받침해 주는 훈련이다.

모든 것을 감싸 안는 친밀함

이제 우리는 성령의 내적인 움직임에 인내심 있게 귀 기울이는 것으로서의 기도가 어떻게 긍휼의 훈련이 되는지 그 방식을 좀 더 깊이 있게 살펴보아야 할 것이다. 기도는 긍휼 어린 삶과 어떤 관련이 있는가? 긍휼 어린 삶을 살려면 우리는 고난받는 사람들과 함께 있어야 하는 것이 아닌가? 가난한 자들, 압제받는 자들, 짓밟힌 자들과 결속의 관계로 들어가야 하는 것이 아닌가? 우리는 치열한 삶의 현장으로 들어가 소외된 자들과 결속하여 힘겨운 생존 현실을 경험해야 하는 것이 아닌가? 그렇다면 어떻게 기도가 긍휼의 훈련이 될 수 있단 말인가?

많은 사람들은 '기도'를 생각할 때 다른 사람들과의 분리를 연상하는 경향이 있지만, 진정한 기도는 동료 인간들과 더 가까워지게 해 준다. 기도는 긍휼에서 첫 번째요, 없어서는 안 될 훈련 덕목이다. 왜냐하면 기도야말로 인간들 사이의 결속의 첫 번째 표현이기 때문이다. 왜 그런가? 우리 안에서 기도하시는 영은, 모든 인류를 연합과 공동체 안에서 하나로 불러 모으시는 영이기 때문이다. 평화와 연합과 화해의 영이신 성령은 자신을 끊임없이 우리에게 드러내시되, 그 능력을 통해서 가장 다양한 사회적·정치적·경제적·인종적·민족적 배경을 가진 사람들을 같은 그리스도의 자매요 형제로서 그리고 같은 하나님 아버지의 딸과 아들로서 한데 모으시는 분으로서 드러내신다.

　우리는 영적인 낭만주의나 경건한 감상주의로 경도되지 않기 위해서, 성령의 긍휼 어린 임재에 세심한 관심을 기울여야만 한다. 기도의 친밀함은 성령께서 만들어 내시는 친밀함이며, 이 성령은 새로운 마음과 새로운 시간을 품으신 존재로서, 우리의 동료 인간들을 밀어내는 분이 아니라 포용하는 분이시다. 기도의 친밀함 속에서 하나님은 우리에게 자신을 드러내시는데, 우리를 사랑하시는 것과 똑같이 개인적이고 독특한 방식으로 인류 가족의 모든 구성원을 사랑하시는 하나님으로서 드러내신다. 그러므로 하나님과의 친밀함이 자라감에 따라, 다른 사람들에 대한 우리의 책임감도 더욱 깊어진다. 그 친밀감은 우리 안에 어떤 열망이 점점 더 커지게 한다. 그 열망은, 고난과 고통을 지닌 이 세상 전체를 우리 마음속에 있는 거룩한 불길로 데려오고, 그 생명력 넘치는 열기를 다가오는 모든 사람과 공유하고자 하는 열망이다. 하지만 바로 이런 열망이야말로 아주 깊고 강한 인내심을 요구한다. 빈센트 반 고흐는 동생 테오에게 쓴 편지에서 인내의 기도 훈련에 대해 다음과 같이 강력하게 표현하고 있다.

　우리 영혼에는 엄청난 불꽃이 타오르고 있을 텐데, 아직은 아무도 그 불꽃에 다가와서 몸을 따뜻하게 녹이지 않는구나. 행인들은 단지 영혼의 굴뚝에서 솟아오르는 연기 자락을 힐끗 보고는 그냥 자기 길을 간다. '지금 여기'를 보자. 우리는 무엇을 해야 하는 걸까? 우리는 이 내면의 불꽃을 돌보고 활기를 잃지 않으면서 인내심을 가지고 기다려야 한다. 하지만 누군가가 가까이 와서 우리 옆에 앉을 때까지―혹은 우리와 함께 그 자리에 머물러 줄 때까지―도대체 우리는 얼마나 오랜 시간을 인내하며 기다려야 하는 걸까? 조만간 그런 시간이 올 때까지 하나님을 믿는 자들은 계속 기다릴지니.[14]

긍휼의 삶에서 가장 강력한 경험들 중 하나는, 온 세계를 품을 수 있는 치유의 공간으로 우리 마음을 넓게 확장하는 것이다. 그 공간은 아무도 배제시키지 않는다. 피하거나 맞서 싸우려는 조급한 충동 혹은 두려워하거나 분을 내려는 조급한 충동을 훈련을 통해서 극복하면, 우리는 세상의 모든 사람을 환영할 수 있는 무한한 공간을 발견하게 된다. 따라서 다른 사람들을 위한 기도를, 가끔씩 실천하는 특별한 연습으로 이해해서는 안 된다. 오히려 기도는 긍휼 어린 심장의 박동 그 자체다. 아픈 친구, 낙담한 학생, 갈등을 겪는 교사, 감옥이나 병원이나 전장에 있는 사람들, 불의의 희생양이 된 사람들, 굶주리고 가난하고 피난처가 없는 사람들, 사회 정의를 위해 직업, 건강, 심지어 생명까지도 내놓고 투쟁하는 사람들, 교회와 국가의

지도자들—이 모든 사람을 위해서 기도하는 것은 하나님의 뜻에 영향을 미치지 못하는 무익한 노력이 아니라, 이웃을 우리 마음의 중심으로 초청하는 따뜻한 몸짓이다. 다른 사람들을 위해서 기도한다는 것은 그들을 우리 자신의 일부로 품는다는 의미다. 다른 사람들을 위해 기도한다는 것은 그들의 고통과 고난, 염려와 외로움, 혼동과 두려움을 우리의 가장 깊은 자아 속에 널리 울려 퍼지게 하는 것이다. 따라서 기도한다는 것은 우리가 기도해 주는 대상과 같이 되는 것이다. 아픈 어린이, 두려움에 떠는 어머니, 고뇌에 빠진 아버지, 초조해하는 십대, 화가 난 학생 그리고 좌절감에 사로잡힌 파업 노동자가 되어 주는 것이다. 기도한다는 것은 동료 인간들과의 깊은 내적 결속으로 나아가는 것이며, 그럼으로써 우리 안에서 우리를 통해 그들이 하나님의 영의 치유하시는 능력을 접하게 되는 것을 말한다. 그리스도의 제자인 우리가 형제 자매의 짐을 함께 져 줄 수 있을 때, 그들의 상처를 우리 상처로 느낄 때, 심지어는 그들의 죄로 인해 우리가 상처 입을 때, 우리의 기도는 그들의 기도가 되고 자비를 갈구하는 우리의 부르짖음은 그들의 부르짖음이 된다. 긍휼 어린 기도를 통해서 우리는 '저 너머에서' 혹은 '오래전에' 고난받은 사람들이 아니라 우리의 가장 깊은 자아 속에서 지금 여기서 고난받는 사람들을 하나님 앞으로 데려온다. 따라서 바로 우리 안에서 우리를 통해서 다른 사람들이 회복된다.

바로 우리 안에서 우리를 통해서 그들이 새로운 빛과 새로운 소망과 새로운 용기를 얻는다. 또한 우리 안에서 우리를 통해서 하나님의 영이 그 치유하시는 임재로써 그들을 어루만지신다.

원수를 위한 기도

동료 인간들을 위한 긍휼 어린 기도는 그리스도인의 삶의 중심에 자리잡고 있다. 예수님은 기도의 위대한 능력을 강조하기 위해 다음과 같이 말씀하셨다. "너희가 기도할 때에 무엇이든지 믿고 구하는 것은 다 받으리라"(마 21:22). 그리고 사도 야고보도 다음과 같이 말함으로써 이 강력한 내용을 다시 한번 메아리치게 한다. "의인의 간구는 역사하는 힘이 큼이라"(약 5:16). 긍휼 어린 기도는 기독교 공동체의 특징이다. 그리스도인들은 기도 가운데 서로를 언급한다(롬 1:9; 고후 1:11; 엡 6:18; 골 4:3). 그렇게 함으로써 그들은 자기가 기도해 주는 사람에게 도움을 줄 뿐만 아니라, 심지어는 그 사람이 구원에 이르게까지 한다(롬 15:30; 빌 1:19). 하지만 긍휼 어린 기도의 최후 시험대는 동료 그리스도인들, 공동체의 구성원들, 친구들과 친척들을 위한 기도를 넘어서는 것이다. 예수님은 이 점을 아주 확실하게 말씀하셨다. "나는 너희에게 이르노니 너희 원수를 사랑하며 너희를 박해하는 자를 위하여 기도하라"(마 5:44). 그리고 예수님은 십자가에서의 깊은 고통 가운데서 자신을 죽이는 자들을 위해 기도하신다. "아버지여, 저들을 사하여 주옵소서. 자기들이 하는 것을 알지 못함이니이다"(눅 23:34). 여기서 우리는 기도의 훈련의 완전한 의미를 분명히 볼 수 있다. 기도는 우리로 하여금 우리를 사랑하는 사람들뿐만 아니라 우리를 미워하는 사람들까지도 마음의 중심에 품게 한다. 이것은 우리가 기꺼이 원수까지도 우리 자신의 일부로 품을 때, 그리하여 마음속에서 그들을 첫 번째로 놓을 때만 가능하다.

우리가 다른 사람을 우리의 원수로 생각할 때 제일 먼저 하도록 요청받는 것은 바로 그들을 위해 기도하는 것이다. 이것은 확실히 쉽지 않은 일이다. 우리를 미워하는 사람 혹은 우리가 적개심을 품고 있는 대상을 우리 마음의 가장 내밀한 중심으로 받아들이는 데는 훈련이 필요하다. 우리의 삶을 힘들게 하고 우리에게 좌절과 고통, 심지어는 해를 입힌 사람들이 우리 마음속에서 차지할 자리는 정말 없다. 하지만 우리를 반대하는 사람들에 대한 이런 조급함을 극복하고 우리를 핍박하는 자들의 부르짖음을 기꺼이 듣고자 할 때마다, 우리는 그들이 우리의 형제요 자매라는 사실을 깨닫게 될 것이다. 그러므로 원수를 위해서 기도하는 것은 진정한 사건이며, 화해의 사건이다. 원수들을 하나님의 임재 앞에 높이 들어올리는 동시에 그들을 계속 미워하기란 불가능하다. 기도하는 자리에서 보면 심지어는 원칙 없는 독재자와 사악한 고문자조차 더 이상 두려움, 미움, 복수의 대상으로 보이지 않는다. 왜냐하면 우리는 기도할 때 거룩한 하나님의 긍휼이라는 위대한 신비의 중심에 서기 때문이다. 기도는 원수를 친구로 변화시키고, 그리하여 새로운 관계의 시작점이 된다. 원수를 위한 기도만큼 능력 있는 기도는 아마 없을 것이다. 하지만 이 기도는 우리의 충동에 가장 반하는 것인 만큼 가장 어려운 것이기도 하다. 어떤 성자들이 원수를 위한 기도를 거룩함의 가장 주된 범주로 여겼던 것도 바로 이 때문이다.

우리를 위해 스스로 종이 되사 죽음의 고통을 맛보셨던 긍휼 어린 주님의 제자들로서, 우리의 기도에는 한계가 있을 수 없다. 디트리히 본회퍼는 이 점을 아주 강력하고도 단순하게 표현했다. 그는 다른 사람을 위해 기도하는 것이란 그들에게 "우리가 받은 권리와 동일한 권리, 즉 그리스도 앞에 서며 그분의 긍휼을 나누어 가질 수 있는 권리"를 주는 것이라고 썼다.[15] 우리가 하나님 앞에 세상의 필요를 들고 나올 때, 우리를 어루만지시는 성령의 치유하시는 사랑은 우리가 그분 앞에 데리고 나온 모든 사람을 동일한 능력으로 어루만지신다. 긍휼 어린 기도는, 우리로 하여금 사람들로부터 도망치게 하거나 사람들과 싸우게 만드는 자기 본위의 개인주의를 장려하지 않는다. 반대로 기도는 우리의 공통적인 고난에 대한 인식을 깊게 해

줌으로써, 치유하시는 성령의 임재 속으로 함께 더 가까이 나아가게 해 준다.

신실하게 함께 떡을 떼면서

순간을 충만하게 살고 그 안에서 치유하시는 성령의 임재를 인식하는 훈련으로서의 기도의 가장 심오한 표현은, 함께 떡을 떼는 모습에서 볼 수 있다. 긍휼, 기도 그리고 떡을 떼는 것 사이의 친밀한 연관성은 초대 기독교 공동체의 모습을 설명하는 부분에서 분명하게 드러난다. "그들이 사도의 가르침을 받아 서로 교제하고 떡을 떼며 오로지 기도하기를 힘쓰니라.…기쁨과 순전한 마음으로 음식을 먹고 하나님을 찬미하며 또 온 백성에게 칭송을 받으니"(행 2:42-47). 떡을 떼는 것은 기독교 공동체에서 중심적인 위치를 차지한다. 우리는 함께 떡을 떼는 모습에서 우리의 기도의 공동체적인 성격을 가장 분명하게 증거한다. 제자도가 무엇보다도 함께 살아가는 새로운 방식 속에서 그 모습을 드러내는 것과 마찬가지로, 기도의 훈련도 가장 먼저 공동적인 훈련으로서 모습을 드러낸다. 그리스도와 하나님 아버지의 보내심을 받은 영이신 성령께서는 바로 이렇게 떡을 떼는 모습에서 가장 분명하게 공동체에 임재하신다. 그러므로 떡을 떼는 것은 '삶의 현실'이 주는 고통을 잊어버리고 꿈 같은 의식(儀式) 속으로 뒷걸음치는 것이 아니라, 우리가 삶의 중심으로 인식하고 있는 바를 축제 형식으로 표현한 것이다.

우리는 함께 떡을 떼면서, 그리스도의 생애와 그분 안에 있는 우리의 삶에 대한 진정한 이야기를 서로에게 드러낸다. 예수님은 떡을 가지사 축사하시고 떼어 친구들에게 나눠 주셨다. 그분은 배고픈 무리를 보시고 긍휼을 느끼셨을 때 그렇게 하셨다(마 14:19; 15:36). 죽음을 앞두고 고별 인사를 하시던 날 밤에도 그렇게 하셨다(마 26:26). 엠마오로 가던 길에서 두 제자에게 자신을 드러내실 때도 그렇게 하셨다(눅 24:30). 그리고 그분의 죽음 이후로, 그리스도인들은 예수님을 기념하면서 이것을 행했다. 그러므로 떡을 떼는 것은 우리의 이야기는 물론이고 그리스도의 이야기를 현재화하고 기념하는 것이다. 떡을 취해서 축사하고 떼어서 나누어 주는 과정에서, 그리스도의 삶의 신비는 가장 압축적인 방법으로 표현된다. 하나님 아버지는 자신의 독생자를 취하사 그를 이 세상에 보내셔서 그를 통해 세상이 구원을 얻게 하셨다(요 3:17). 요단강에서, 다볼산에서 하나님은 예수님을 이렇게 축복하셨다. "이는 내 사랑하는 아들이요…너희는 그의 말을 들으라"(마 3:17; 17:5). 그렇게 축복받으신 분이 십자가에서 찢기시고 '우리의 허물 때문에 찔리셨고 우리의 죄악 때문에 상하셨다'(사 53:5). 하지만 예수님은 죽음을 통해서 자신을 우리에게 양식으로 주셨고, 그리하여 최후의 만찬에서 제자들에게 하신 말씀을 성취하셨다. "이것은 너희를 위하여 주는 내 몸이라"(눅 22:19).

예수님은 이렇게 생명을 취하사 축사하시고 떼어서 나누어 주시는 일에 우리를 동참자로 만들기 원하신다. 그러므로 그분은 제자들과 떡을 떼시면서 이렇게 말씀하셨다. "너희가 이를 행하여 나를 기념하라"(눅 22:19). 우리가 그리스도를 기념하며 떡을 먹고 포도주를 마실 때, 그분의 긍휼 어린 삶과 밀접한 관계를 맺게 된다. 사실 우리는 그분의 삶이 **되고** 그리하여 그분의 삶을 우리의 시공간 속에서 재현하는(represent) 것이다. 우리의 긍휼은 모든 시간과 모든 장소에서 삶으로 구현된 하나님의 긍휼의 현시다. 떡을 떼는 것(breaking)은 우리의 찢긴(broken) 삶을 그리스도 안에 있는 하나님의 생명과 연결시키고, 우리의 깨어짐을 분열로 가는 깨어짐이 아니라 오히려 공동체와 사랑으로 인도되는 깨어짐으로 변화시킨다. 부패되는 과정의 시작으로서의 상처는 감추어진 채로 있어야겠지만, 새로운 삶을 여는 문으로서의 상처는 소망의 전조로 경축될 수 있다. 정확히 이런 이유로 긍휼, 함께 고난받는 것은 공동의 기도 속에서 경축될 수 있다.

함께 떡을 떼면서 우리는, 우리의 깨어진 상태를 부인하기보다는 재주장한다. 우리는 자신이 하나님을 위한 증인으로 택하심받고 따로 구분된 자들임을 그 어느 때보다도 더 잘 인식한다. 우리는 자신이 은혜의 말과 행위로 축복받은 자들임을, 복수심이나 잔인함으로 찢긴 존재가 아니라 다른 사람들에게 떡이 되어 주기 위해 찢긴 존재임을 더 잘 인식한다. 두세 사람, 열 사람, 혹은 천 명의 사람이 같은 떡을 먹고 같은 포도주를 마실 때, 그리하여 찢기고 쏟아부어진 그리스도의 삶으로 연합될 때 그들은 자신들의 삶이 그 하나의 삶을 이루는 일부임을 발견하고 서로를 형제요 자매로 인식하게 된다.

우리의 공동의 인간성이 높이 들어올려지고 경축될 수 있는 장소는 이 세상에 거의 남아 있지 않다. 하지만 우리는 떡과 포도주라는 이 소박한 상징의 주변에 함께 모일 때마다, 많은 벽을 허물고 인류 가족을 향한 하나님의 의도를 어렴풋이 알게 된다. 그리고 이렇게 함께 모일 때마다 우리는 서로의 복지에 대해서뿐만 아니라 이 세상 모든 사람의 복지에 대해서도 좀더 관심을 기울이도록 부르심을 받는다.

이리하여 떡을 떼는 것은 고난받는 모든 사람—가까이 있는 사람이든 멀리 있는 사람이든—과의 결속의 표현이 된다. 이것은 파벌로 인도하는 것이 아니라, 오히려 우리를 전 인류에게로 열어 준다. 이것은 우리로 하여금 압제와 고문으로 심신이 찢긴 사람들, 이 세상의 감옥에서 삶이 파괴되어 버린 사람들과 접촉하게 한다. 떡을 떼는 것은 우리로 하여금 먹을 것과 쉴 곳이 없어서 신체적·정신적·영적 아름다움이 가려져 버린 남녀노소와 접촉하게 한다. 떡을 떼는 것은 우리로 하여금 캘커타의 거리에서 죽어 가는 사람 그리고 뉴욕시의 빌딩 숲에서 외로워하는 사람들과 접촉하게 한다. 그것은 우리로 하여금 영국에 있는 실라 캐서디(Sheila Cassidy), 북아일랜드에 있는 메어헤드 코리건(Mairhead Corrigan)과 베티 윌리엄스(Betty Williams), 한국의 김지하, 미국의 몰리 러시(Molly Rush), 프랑스의 장 바니에 그리고 그 외에도 정의를 부르짖는 목소리를 발하고 있는 이 세상 곳곳의 많은 사람들과 접촉하게 한다.

이런 연결은 진정으로 '떡을 통한 연결'로서, 우리에게 모든 사람들의 일용할 양식을 위하여 온 힘을 다해 일하라고 도전한다. 이리하여 함께 기도하기는 함께 일하기가 되고, 같은 떡을 떼라는 부르심은 행동으로의 부르심이 된다.

9장

행동

지금 여기서

기도에 대해서는 강조하면서 세상에 존재하는 많은 필요와 고통에 직접 개입하는 것을 피한다면, 그것은 긍휼의 삶을 위한 진정한 훈련이 아닐 것이다. 기도는 우리가 살고 있는 이 세상을 충분히 인식하고 이 세상 자체와 더불어 이 세상의 모든 필요와 고통을 하나님께 내어 드리는 것이다. 이런 긍휼 어린 기도야말로 긍휼 어린 행동을 이끌어 낸다. 제자들이 예수님을 따르도록 부르심받았을 때, 그들은 기도하기 위해 광야와 산으로만 부름받은 것이 아니라 도움이 필요한 눈물의 골짜기와 인간의 고뇌가 가득한 십자가로도 부름받았다. 그러므로 기도와 행동은 절대로 모순되거나 상호 배타적이지 않다. 행동 없는 기도는 무력한 경건주의가 되고, 기도 없는 행동은 의심스러운 조작으로 전락한다. 기도가 우리를 긍휼 어린 그리스도와의 좀더 깊은 연합으로 인도한다면, 그것은 항상 구체적인 섬김의 행위를 이끌어 낼 수밖에 없다. 그리고 우리가 정말로 구체적인 섬김의 행동으로써 가난한 자들, 배고픈 자들, 병든 자들, 죽어 가는 자들, 압제받는 자들에게 나아간다면, 그 행동에서는 항상 기도가 나올 수밖에 없다. 기도 안에서 우리는 그리스도를 만나고, 그리스도 안에서 모든 인간 고통을 만난다. 섬김 안에서 우리는 사람들을 만나고, 사람들 안에서 고난받는 그리스도를 만난다.

인내의 훈련은 우리가 기도하는 방식을 통해서뿐만 아니라, 행동하는 방식을 통해서도 그 모습을 드러낸다. 우리의 기도와 마찬가지로, 우리의 행동도 세상의 한가운데서 하나님의 긍휼 어린 임재를 드러내는 증거가 되어야만 한다. 인내심 어린 행동이란, 그 행동을 통해 치유와 위로와 위안과 화해와 하나되게 하는 하나님의 사랑이 인간의 마음을 어루만질 수 있게 하는 행동이다. 인내심 어린 행동을 통해 시간의 충만함이 드러나고, 하나님의 정의와 평화가 우리의 세상을 인도하게 된다. 인내심 어린 행동은 가난한 자에게 복음을, 포로 된 자에게 자유를, 눈먼 자에게 다시 보게 함을, 압제받는 자에게 자유를 가져다주며 주의 은혜의 해를 전파한다(눅 4:18-19). 그런 행동은 두려움과 의심과 권력에 굶주린 경쟁심—이것들은 무기 경쟁을 계속 부추기고 부자와 가난한 자의 분리를 심화시키며, 힘있는 자와 힘없는 자 사이의 잔인한 행위를 증폭시킨다—을 제거한다. 인내심 어린 행동은 사람들로 하여금 서로의 말에 귀 기울이게 하고 서로 이야기를 나누며 서로의 상처를 치유하게 한다. 간단히 말해서, 그런 행동은 믿음—우리 삶 속에서의 하나님의 임재를 알고 이 임재를 각 개인과 공동체와 사회와 국가들이 느끼기를 바라는 믿음—에 근거한 행동이다.

인내심 어린 행동은 힘든 훈련이다. 때로는 삶의 짐이 너무도 무거워서 에너지를 전부 쏟아부어야 하루를 버티는 경우도 있다. 그러면 우리는 현재 순간의 소중함을 깨닫기가 어려워지고, 미래의 시간과 장소에서는 모든 것이 달라질 것이라는 꿈만 꾸게 된다. 우리는 가능한 한 현재 순간에서 빨리 빠져나와 지금의 고통이 없는 새로운 상황을 만들고 싶어 한다. 하지만 그런 조급한 행동은 우리로 하여금 순간의 가능성을 인식하지 못하게 하고, 그리하여 우리를 아량 없는 광신주의로 쉽게 이끌어 간다. 긍휼의 훈련으로서의 행동에는, 순간의 구체적인 필요에 기꺼이 응답하고자 하는 마음이 필요하다.

신뢰성에 대한 시험대

신약의 저자들 중에서, 구체적인 섬김의 행동에 대해 야고보만큼 분명하게 말하는 사람도 없을 것이다. 그는 "하나님 아버지

앞에서 정결하고 더러움이 없는 경건은 곧 고아와 과부를 그 환난 중에 돌보고 또 자기를 지켜 세속에 물들지 아니하는 그 것이니라"고 말했다(약 1:27). 상당히 아이러니하게도, 야고보는 "흩어져 있는 열두 지파에게" 즉 그리스-로마 세계 전역에 흩어져 있는 유대인 그리스도인들에게 구체적인 섬김의 행동의 중요성에 대해 말하고 있다.

> 만일 사람이 믿음이 있노라 하고 행함이 없으면 무슨 유익이 있으리요? 그 믿음이 능히 자기를 구원하겠느냐? 만일 형제나 자매가 헐벗고 일용할 양식이 없는데 너희 중에 누구든지 그에게 이르되 평안히 가라, 덥게 하라, 배부르게 하라 하며 그 몸에 쓸 것을 주지 아니하면 무슨 유익이 있으리요? 이와 같이 행함이 없는 믿음은 그 자체가 죽은 것이라(약 2:14-17).

더 나아가서 야고보는, 하나님에 대한 믿음만 있으면 충분하다고 생각하는 사람들에게 어떻게 말해 주어야 할지에 대해서도 독자들에게 가르침을 주고 있다.

> 어떤 사람을 말하기를, 너는 믿음이 있고 나는 행함이 있으니 행함이 없는 네 믿음을 내게 보이라, 나는 행함으로 내 믿음을 네게 보이리라 하리라. 네가 하나님은 한 분이신 줄을 믿느냐? 잘하는

도다. 귀신들도 믿고 떠느니라. 아아, 허탄한 사람아. 행함이 없는 믿음이 헛것인 줄을 알고자 하느냐? (약 2:18-20)

아브라함과 라합의 삶에서 믿음과 행위가 어떻게 함께 작용했는지를 설명하고 난 뒤에, 야고보는 이렇게 결론을 맺는다. "영혼 없는 몸이 죽은 것같이 행함이 없는 믿음은 죽은 것이니라" (약 2:26).

야고보는 예수님이 강조하신 구체적인 섬김의 행동을 새로운 맥락에서 다시 한번 말한 것임이 분명하다. 세례 요한의 제자들이 예수님께 와서 "오실 그이가 당신이오니이까?"라고 물었을 때, 예수님은 자신의 행동을 이렇게 설명하셨다. "맹인이 보며 못 걷는 사람이 걸으며 나병 환자가 깨끗함을 받으며 귀먹은 사람이 들으며 죽은 자가 살아나며 가난한 자에게 복음이 전파된다 하라"(눅 7:22). 예수님의 행동이야말로 그분을 믿을 수 있는 근거다. 이것은 제자들의 경우에도 마찬가지다. 예수님은 제자들이 행동하는 사람들이 되기를 바라셨다. 예수님은 명확하게 이렇게 말씀하신다. "듣고 행하지 아니하는 자는 주추 없이 흙 위에 집 지은 사람과 같으니 탁류가 부딪치매 집이 곧 무너져 파괴됨이 심하니라"(눅 6:49). 진정한 제자도의 시험대는 말이 아니라 행동이라는 것을 예수님은 매우 집요하게 강조하신다. "나더러 주여 주여 하는 자마다 다 천국에 들어갈 것이 아니요 다만 하늘에 계신 내 아버지의 뜻대로 행하는 자라야 들어가리라"(마 7:21). 정말로 기도는 구체적인 열매를 맺어야 한다. 그러므로 그리스도인의 삶의 가치를 결정하는 최종적인 기준은 기도가 아니라 바로 행동이다. 예수님은 교사들, 선생들, 서기관들, 바리새인들이 활개치는 '말 많은' 환경 속에서, 단지 말로만 해서는 천국에 들어갈 수 없다는 사실을 자신의 추종자들이 깨닫기를 바라셨다.

> 그러나 너희 생각에는 어떠하냐? 어떤 사람에게 두 아들이 있는데 맏아들에게 가서 이르되 얘, 오늘 포도원에 가서 일하라 하니 대답하여 이르되 아버지, 가겠나이다 하더니 가지 아니하고 둘째 아들에게 가서 또 그와 같이 말하니 대답하여 이르되 싫소이다 하였다가 그 후에 뉘우치고 갔으니 그 둘 중의 누가 아버지의 뜻대로 하였느냐? 이르되 둘째 아들이니이다. (마 21:28-31)

예수님의 말씀을 들은 자들이 아직까지도 의구심을 품고 있다면, 예수님은 마지막 심판에 대한 말씀, 즉 긍휼에서 나온 구체적인 행동이야말로 "더러움이 없는 경건"(약 1:27)을 입증하는 명확한 표시라는 설명을 통해 모든 의심을 불식시키신다. 아마도 신약성경에서 행동의 훈련의 중요성이 이보다 명확히 제시된 본문은 없을 것이다.

인자가 자기 영광으로 모든 천사와 함께 올 때에 자기 영광의 보좌에 앉으리니 모든 민족을 그 앞에 모으고 각각 구분하기를 목자가 양과 염소를 구분하는 것같이 하여 양은 그 오른편에, 염소는 왼편에 두리라. 그때에 임금이 그 오른편에 있는 자들에게 이르시되 내 아버지께 복받을 자들이여, 나아와 창세로부터 너희를 위하여 예비된 나라를 상속받으라. 내가 주릴 때에 너희가 먹을 것을 주었고 목마를 때에 마시게 하였고 나그네 되었을 때에 영접하였고 헐벗었을 때에 옷을 입혔고 병들었을 때에 돌보았고 옥에 갇혔을 때에 와서 보았느니라. 이에 의인들이 대답하여 이르되 주여, 우리가 어느 때에 주께서 주리신 것을 보고 음식을 대접하였으며 목마르신 것을 보고 마시게 하였나이까? 어느 때에 나그네되신 것을 보고 영접하였으며 헐벗으신 것을 보고 옷 입혔나이까? 어느 때에 병드신 것이나 옥에 갇히신 것을 보고 가서 뵈었나이까? 하리니 임금이 대답하여 이르시되 내가 진실로 너희에게 이르노니 너희가 여기 내 형제 중에 지극히 작은 자 하나에게 한 것이 곧 내게 한 것이니라 하시고 또 왼편에 있는 자들에게 이르시되 저주를 받은 자들아, 나를 떠나 마귀와 그 사자들을 위하여 예비된 영영한 불에 들어가라. 내가 주릴 때에 너희가 먹을 것을 주지 아니하였고 목마를 때에 마시게 하지 아니하였고 나그네 되었을 때에 영접하지 아니하였고 헐벗었을 때에 옷 입히지 아니하였고 병들었을 때와 옥에 갇혔을 때에 돌보지 아니하였느니라 하시니 그들도 대답하여 이르되 주여, 우리가 어느 때에 주께서 주리신 것이나 목마르신 것이나 나그네 되신 것이나 헐벗으신 것이나 병드신 것이나 옥에 갇히신 것을 보고 공양하지 아니하더이까? 이에 임금이 대답하여 이르시되 내가 진실로 너희에게 이르노니 이 지극히 작은 자 하나에게 하지 아니한 것이 곧 내게 하지 아니한 것이니라 하시리니 그들은 영벌에, 의인들은 영생에 들어가리라 하시니라. (마 25:31-46)

이 극적인 장면이야말로 행동의 훈련이 의미하는 바를 생생하게 그려 보이고 있다. 고난받는 자들과 함께하는 행동, 그들을 위한 행동이야말로 긍휼 어린 삶의 구체적인 표현이자 그리스도인 됨의 최종적인 기준이다. 그런 행동은 기도나 예배의 순간과 별개의 것이 아니라 그 자체가 기도요 예배의 순간이다. 왜 그런가? 왜냐하면 우리는, 자신의 신성에만 매달리지 않고 우리와 같이 되신 예수 그리스도를 주린 자, 목마른 자, 소외된 자, 헐벗은 자, 아픈 자, 갇힌 자들 속에서 발견할 수 있기 때문이다. 그리스도와 꾸준히 대화를 하고 그분의 영이 우리의 삶을 안내하시도록 할 때, 우리는 가난한 자, 압제받는 자, 짓밟힌 자들 속에서 그리스도를 알아볼 수 있다. 그리고 그분이 자신을 드러내시는 곳이면 어디서나 우리는 그분의 외침을 듣고 반응할 것이다. 이렇게 행동과 기도는 인내라는 훈련의 두 가지 측면이다. 이 두 가지는 우리에게 지금 여기서 고통받는 세상 속에 있을 것과, 이 세상—예수 그리스도께서 자신의 것이라고 주장하시는 세상—을 구성하고 있는 사람들의 구체적인 필요에 응답할 것을 요구한다. 그러므로 예배는 사역이 되고 사역은 예배가 되며, 우리가 말하거나 행동하는 모든 것, 우리가 주거나 요청하는 모든 것은 하나님의 긍휼이 드러날 수 있는 삶으로 가는 길이 된다.

행동 지상주의의 함정

제자들은 자신들의 행동이 하나님의 활동적인 임재를 드러내는 증거라고 말한다. 그들은 자기들의 능력을 증명하기 위해서가 아니라 하나님의 능력을 보여 주기 위해서 행동한다. 그들은 사람들을 구속(救贖)하기 위해서가 아니라 하나님의 구속적인 은혜를 드러내기 위해서 행동한다. 그들은 새로운 세상을 창조하기 위해서가 아니라, 보좌에 앉으사 "보라, 내가 만물을 새롭게 하노라"(계 21:5)고 말씀하시는 분께 마음을 열고 귀를 기울이기 위해서 행동한다.

가치와 생산성을 동일시하는 우리 사회에서, 인내하며 행동하기는 매우 어렵다. 우리는 무언가 가치 있는 일을 하는 것, 변화를 일으키는 것, 계획하고 조직하고 구조화하고 재구조화하는 것에만 너무 관심을 기울인 나머지, 구원하는 자는 우리가 아니라 하나님이시라는 사실을 종종 망각하곤 한다. 바쁘다는 것, '행동하는 것' 그리고 '최고가 되는 것'은 종종 그 자체가 목표가 되어 버리는 것 같다. 그리하여 우리의 소명은 우리의 능력을 보여 주는 것이 아니라 하나님의 긍휼을 보여 주는 것이라는 사실을 잊어버리고 만다.

긍휼 어린 삶의 한 방편으로서의 행동은 매우 어려운 훈련이다. 왜냐하면 우리는 너무도 인정과 용납을 받고 싶어 하기 때문이다. 이런 필요 때문에 우리는 무언가 '새로운' 것을 보여 주어야 한다는 사람들의 기대에 쉽게 순응해 버릴 수 있다. 새로운 만남에 너무도 민감하고, 새로운 사건을 너무도 갈망하며, 새로운 경험에 너무도 목말라하는 사회에서, 조급한 행동 지상주의로 빠져들지 않기란 어려운 일이다. 우리는 종종 이런 유혹을 눈치채지도 못한다. 우리가 행하는 것들은 너무도 명백하게 '선하고 경건한' 일이니까 말이다. 하지만 심지어는 구제 사업을 펼치고 배고픈 자들을 먹이고 병든 자들을 도와주는 일조차도 하나님의 부르심을 표현하기보다는 우리의 욕구를 표현하는 것일 수 있다.

하지만 이 점에 대해서 지나치게 도덕론자처럼 반응하지는 말자. 우리는 결코 순수한 동기를 주장할 수 없다. 자신의 모든 욕구를 완전히 통제하게 될 때까지 기다리는 것보다는 고통받는 자들과 함께하고 그들을 위해서 행동하는 것이 더 낫다. 하지만 행동 지상주의적인 경향에 대해서는 항상 비판적인 자세를 견지하는 것이 중요하다. 자신의 욕구가 행동을 지배할 때, 장기적인 섬김은 어려워지고 우리는 이내 지치고 탈진하며, 심지어는 자신의 노력에 대해 쓰라린 회한만 남는다.

행동 지상주의에 빠지게 만드는 끊임없는 유혹에 대항하는 데 가장 중요한 자원은 바로 그리스도 안에서 모든 것이 성취되었다는 사실을 아는 것이다. 이 지식은 지적인 통찰이 아니라 믿음 안에서의 통찰이다. 세상의 구원이 마치 우리 손에 달린 것처럼 행동하는 한, 우리에게는 산을 옮길 만한 믿음이 생기지 않는다. 그리스도 안에서 인간의 고난과 고통은 이미 받아들여졌고 충분히 경험되었다. 그분 안에서 우리의 깨어진 인간성은 화해되었고 아버지와 아들 간의 친밀한 관계 속으로 인도되었다. 그러므로 우리의 행동은 이미 성취된 것을 눈에 보이게 하는 훈련으로서 이해되어야 한다. 그런 행동은, 무질서, 혼돈, 폭력, 미움으로 둘러싸여 있다 할지라도 우리는 단단한 지반 위를 걷고 있다는 믿음에 기초하고 있다.

이 점에 대한 감동적인 실례가 하나 있는데, 바로 여러 해 동안 브룬디에서 살며 사역해 왔던 한 여인에 관한 이야기다. 어느 날 그녀는 잔인한 부족 전쟁을 목격했다. 그 전쟁으로 인해 그녀와 동료 사역자들이 일구어 놓은 것들은 무참히 파괴되어 버렸다. 그녀가 무척 사랑했던 많은 사람들이 눈앞에서 무고하게 살육되었다. 후에 그녀는, 이 모든 고난이 그리스도 안에서 이미 성취되었다는 사실을 알았기에 정신적·정서적 쇠약을 막을 수 있었노라고 했다. 그녀는 하나님의 구원의 행동을 깊이 이해하고 있었기에, 그곳을 떠나지 않고 오히려 남아서 이루 말할 수 없는 비참한 상황 속에서 활동하며 눈과 귀를 열고 실제 상황을 직면할 수 있었다. 그녀의 행동은 단순히 재건을 위해 노력하고 그럼으로써 그녀가 목격한 불행을 극복하려는 시도가 아니라, 하나님은 미움과 폭력의 하나님이 아니라 온유함과 긍휼의 하나님이라는 것을 사람들에게 상기시켜 준 행동이었다. 고난을 많이 겪어 본 사람만이, 그리스도께서 십자가에서 우리의 고통을 겪으셨고 화해의 길을 성취하셨음을 이해할 수 있을 것이다.

맞대결

우리가 훈련을 통해 경계해야 할 유혹이 행동 지상주의만은 아니다. 조급한 행동은 과도하게 사역하고 헌신하는 사람들을 양산해 낼 뿐만 아니라 긍휼을 감상주의화하는 경향도 있다. 그러므로 감상주의도 우리가 행동의 훈련을 통해 경계해야 할 또 하나의 유혹이다. 사람들에게 호감을 사고 용납받으며 칭찬

받고 보상받는 것에 우선적인 관심을 두면, 우리는 할 일과 안 할 일에 대해 매우 선택적인 사람이 된다. 그럴 경우 우리는 사람들에게 동정 어린 반응을 이끌어 낼 수 있는 행동만을 택하는 경향이 있다. 여기서 우리는 긍휼의 한 가지 측면, 우리가 거의 인식하지 못했던 측면을 다루게 된다. 바로 맞대결하는 것이다. 우리 사회에서는 행동의 훈련을 하려면 때로는 맞대결하는 용기가 필요하다. 우리는 '긍휼'이라고 하면 상처를 치유해 주고 고통을 없애 주는 행동을 연상하는 경향이 있다. 하지만 많은 사람들이 인간으로서의 권리를 더 이상 행사할 수 없을 때, 수백만이 굶고 있을 때, 인류 전체가 핵으로 인한 학살의 위협에 노출되어 있을 때, 긍휼 어린 행동은 고난받는 자들에게 도움을 주는 것 이상의 의미를 지닌다. 개인과 사회 구조 속에서 악의 힘이 너무나 노골적으로 드러나고 사람들의 삶을 지배하기 때문에, 강력하고 단호한 맞대결이 불가피해지는 것이다. 긍휼은 맞대결을 배제하지 않는다. 오히려 맞대결은 총체적인 긍휼의 한 부분이다. 맞대결이야말로 긍휼을 드러내는 진정한 표현일 수 있다. 선지자들의 전통 전체가 이 사실을 분명히 보여 주며, 예수님도 예외가 아니다. 너무도 안타까운 사실은, 상당히 오랜 세월 동안 예수님이 그저 유약하고 부드러운 분으로만 제시되어서, 사실 복음이 예수님을 얼마나 이와 다르게 묘사하고 있는지를 우리가 거의 인식하지 못한다는 것이다.

〈마태복음〉(The Gospel According to St. Matthew)이라는 파솔리니(Passolini)의 영화에는, 사람들을 분개하게 만들고 심지어는 때때로 부정적인 반응을 유도하는 것처럼 보이기까지 하는 도전적이고 신랄한 선지자가 등장한다. 비록 파솔리니가 그리고 있는 예수님의 모습이 한쪽으로 치우쳐 있긴 하지만, 예수님이 얼마나 자주 맞대결을 감수하셨는지 그리고 재주 좋게 남들의 비위를 맞추는 데는 얼마나 무관심하셨는지를 우리에게 다시 한번 상기시켜 주는 것은 사실이다.

정직하고 솔직한 맞대결은 긍휼의 진정한 표현이다. 그리스도인인 우리는 세상 **속에** 있지만 세상에 **속한** 사람들은 아니다. 바로 이런 입장이 맞대결을 가능하게 하는 동시에 필수적인 것이 되게 한다. 권력의 환상은 벗겨 내야만 하며, 우상은 끌어내려야 하고, 압제와 착취는 맞서 싸워야 하며, 이런 악한 일에 동참하는 자들과도 맞서야 한다. 이것이 바로 긍휼이다. 가난을 유발하는 사람들과 체제에 맞서려는 의지가 없다면, 가난한 자들과 함께 고난받을 수 없다. 열쇠를 쥐고 있는 자들과 맞서고 싶어 하지 않는다면, 사로잡힌 자들을 자유롭게 할 수 없다. 압제하는 자들에게 맞설 의지가 없다면, 압제받는 자들과의 결속 의지를 고백할 수 없다. 맞대결 없는 긍휼은 아무런 열매도 없는 감상적인 동정으로 쉽게 퇴색하고 만다.

하지만 맞대결이 인내하는 행동의 한 표현이라면, 그 맞대결은 또한 겸손한 것이어야 한다. 우리는 자기 의로 가득한 복수나 이기적인 정죄에 빠지려는 유혹을 끊임없이 받는다. 이때 위험한 것은 바로 우리의 증거가 우리를 눈멀게 할 수 있다는 것이다. 맞대결이 사람들의 관심을 끌고자 하는 욕망, 복수하고 싶은 마음, 권력에 대한 탐욕으로 오염될 경우, 그것은 자기 잇속만 차리는 행동이 되기 쉬우며 더 이상 긍휼이라고 말할 수 없다.

긍휼을 품은 맞대결이란 쉽지 않다. 자기 의가 항상 우리 주변을 맴돌고 있으며, 격렬한 분노도 정말 유혹거리다. 우리의 맞대결이 공격적인 것이 아니라 긍휼 어린 것인지 그리고 우리의 분노가 자기 의가 아니라 진정한 의인지를 알아볼 수 있는 최선의 기준은, 우리 역시 그런 맞대결을 기꺼이 받아들일 수 있는지 자문해 보는 것이다. 우리를 겨냥한 분노를 통해서 우리는 기꺼이 배우고자 하는가? 다른 사람들이 우리에게 '아니요'라고 하는 것을 받아들일 수 있다면, 우리도 '아니요'라는 태도로 맞대결할 수 있을 것이다. 악과 파괴가 우리 자신의 마음속에 있음을 충분히 인식하고서 그 악과 파괴에 대해 '아니요'라고 말하는 것은 겸손한 '아니요'이다. 그리고 우리가 겸손함으로 '아니요'라고 말할 때, 이 '아니요'는 우리 자신의 회심을 요구한다. 우리가 인종 차별적 불의를 보고 '아니요'라고 말할 때 그것은 우리 자신의 완고함을 직시하는 것을 의미하며, 우

리가 세상의 굶주림에 '아니요'라고 말할 때 그것은 우리의 부
요함을 깨달을 것을 촉구한다. 전쟁에 대해 '아니요'라고 말하
려면 우리 자신의 폭력과 공격성을 내려놓아야 하며, 압제와
고문에 대해 '아니요'라고 말하려면 우리는 자신의 무감각함을
솔직하게 다루어야만 한다. 그럼으로써 우리가 표현하는 모든
'아니요'는 우리 자신의 마음을 정화시키는 도전이 된다.

이런 의미에서 맞대결은 항상 자신과의 맞대결을 포함한다.
이러한 자신과의 맞대결은 우리가 맞대결하는 세상으로부터
소외되는 것을 막아 준다. 토머스 머튼은 이 점을 분명히 알았
기에 다음과 같이 말했다.

> 완전한 객체로서의 세상이란 존재하지 않는다. 세상이란 우리
> 외부에 존재하는 현실이 아니다.…세상은 살아 있고 스스로 만
> 들어져 가는 신비로서, 나 자신이 세상의 일부이며 나 자신이야
> 말로 그 세상 속으로 들어가는 유일한 문인 것이다. 나 자신의
> 지반 위에서 세상을 발견할 때, 세상으로부터 소외된다는 것은
> 불가능하다.[16]

여기서 우리는 긍휼 어린 맞대결의 핵심을 발견한다. 우리가
맞대결하고 싸워야 하는 악은 인간의 마음—우리의 마음을 포
함해서—과 공범자라는 것이다. 그러므로 세상 속에서 악과 맞

대결하려면, 이런 투쟁이 일어나는 장소는 항상 두 군데라는 사실을 인식해야만 한다. 바로 외부 전선과 내부 전선이다. 맞대결이 늘 긍휼이 되게 하려면, 이 두 전선은 절대로 분리되어서는 안 된다.

감사하는 마음으로

이 세상 속에 있는 악과 맞대결하는 것이든 선을 지지하는 것이든 간에, 훈련된 행동의 특징은 늘 감사하는 마음이다. 분노는 우리를 적극적으로 만들고, 심지어는 우리 안에 많은 창조적인 에너지를 분출시킬 수도 있다. 하지만 오래가지는 못한다. 1960년대에 분노에 근거해서 열심히 활동했던 사회 활동가들은 곧 탈진하고 말았다. 종종 그들은 신체적 탈진과 정신적 탈진 상태에 이르는 바람에 심리 치료나 '새로운 영성'이 필요할 지경이 되었다. 눈에 보이는 성공이 없는 상황을 꾸준히 견뎌 내기 위해서는 감사의 정신이 필요하다. 분노에 찬 행동은 상처받은 경험에서 비롯되는 반면, 감사에 찬 행동은 치유받은 경험에서 비롯된다. 분노에 찬 행동은 취하고 싶어 하나, 감사에 찬 행동은 나눠 주고 싶어 한다. 감사야말로 그 행동이 인내의 한 부분으로서 행해진 행동이라는 표시다. 그것은 은혜에 대한 반응이다. 그것은 우리로 하여금 정복하거나 파괴하도록 하지 않고, 오히려 이미 존재하고 있는 선을 볼 수 있게 해 준다. 그러므로 긍휼 어린 삶이란 감사하는 삶이며, 감사하는 마음에서 비롯된 행동은 강제적이지 않고 자유로우며, 음침하지 않고 즐거우며, 광신적이지 않고 자유롭게 해 주는 것이다. 감사가 행동의 근거가 될 때, 우리가 주는 것은 받는 것이 되며, 우리가 사역하는 대상은 우리에게 사역자가 된다. 왜냐하면 우리는 다른 사람들을 보살피는 가운데 우리를 돌보는 존재를 감지하고, 우리의 노력 가운데서 우리를 격려하는 후원을 감지하기 때문이다. 이렇게 될 때 우리는 늘 즐겁고 평화로울 수 있다. 내세울 만한 성공담이 별로 없을 때조차도 말이다.

이런 자세를 보여 주는 아름다운 본보기를 세자르 샤베즈와 그와 함께 일한 이들에게서 볼 수 있다. 이들은 농부들의 노동 조합 결성의 권리를 주창하는 '제안 14호'(Proposition 14)를 통과시키기 위해 오랫동안 캠페인을 벌였으나 결국 좌절되고 말았다. 하지만 이들은 좌절감에 빠진 것이 아니라 잔치를 열었다. 패배감보다는 승리감이 넘쳤다. 어안이 벙벙해진 기자는 이렇게 썼다. "그들이 패배하고서도 그렇게 축제 분위기 속에서 축하할 수 있다면, 그들이 승리할 때의 분위기는 어떠하겠는가?" 분명한 것은, 세자르 샤베즈 그리고 '제안 14호'를 위해 그와 합류했던 많은 남녀들은 그들의 행동의 의로움을 너무도 확실히 믿었기에, 그 행동 자체가 지니는 가치에 비하면 최종 결과는 이차적인 것이라는 점이었다. 그들은 그 캠페인을 진실하고 정직하게 이끌기 위해서 오랫동안 기도와 금식을 했다. 모든 행동의 열매는 하나님으로부터 온다는 것을 기억하기 위해 함께 찬양하고 성경을 읽고 떡을 떼었던 시간도 무수히 많았다. 그리고 결국 그 행동이 실패해서 바라던 결과를 얻지 못했을 때, 사람들은 희망과 용기를 잃지 않았으며, 다음 기회에 다시 시도하기로 결정했다. 그러는 동안 그들은 서로 간에 깊은 공동체를 경험했고, 관대한 사람들을 많이 알게 되었으며, 그들 가운데 계시는 하나님의 임재에 대해 예민한 감각을 얻었다. 그들은 축하하고 감사할 이유가 얼마든지 있다고 느꼈다. 그러므로 패배했다는 생각으로 집에 돌아간 사람은 아무도 없었다. 누구나 다른 사람에게 해 줄 이야기, 하나님의 이름으로 모였을 때 경험한 하나님의 긍휼에 대한 이야기를 갖게 되었다.

감사는 정말로 그 행동이 인내라는 훈련을 통해 인도받고 있다는 확실한 표시다. 심지어는 구체적인 결과물이 없을 때조차도, 그 행동 자체는 지금 여기 계시는 하나님의 보살피시는 임재를 드러낼 수 있다. 그런 행동은 하나님의 적극적인 임재에 대한 참된 지식에서 비롯된 것이기 때문에, 그것이야말로 참된 행동이다. 그런 행동은 무언가를 증명해야 한다거나 누군가를 설득해야 한다는 필요에서 나오는 것이 아니라, 근본적으로 진정한 것을 자유롭게 사람들에게 증거하고자 하는 열망에서 나온다. 이 사실은 요한의 글에 가장 강력하게 표현되어 있다.

> 태초부터 있는 생명의 말씀에 관하여는 우리가 들은 바요 눈으로 본 바요 자세히 보고 우리의 손으로 만진 바라. 이 생명이 나타내신 바 된지라. 이 영원한 생명을 우리가 보았고 증언하여 너희에게 전하노니 이는 아버지와 함께 계시다가 우리에게 나타내신 바 된 이시니라. 우리가 보고 들은 바를 너희에게도 전함은 너희로 우리와 사귐이 있게 하려 함이니 우리의 사귐은 아버지와 그의 아들 예수 그리스도와 더불어 누림이라. 우리가 이것을 씀은 우리의 기쁨이 충만하게 하려 함이라. (요일 1:1-4)

이 말씀이야말로 긍휼 어린 행동의 의미를 가장 웅변적으로 표현한 문장이다. 그것은 이미 일어난 만남에 대한 자유롭고 기쁘고, 무엇보다도 감사에 찬 분명한 증거다. 요한, 베드로, 바울 그리고 모든 제자들이 예수 그리스도의 메시지를 가지고 당시 세계를 '정복했던' 그 엄청난 에너지는 바로 그 만남에서 온 것이다. 그들은 자신들이 선한 일을 하고 있다는 사실을 자기 자신이나 서로에게 굳이 확신시켜 줄 필요가 없었다. 자신들이 하는 일의 가치에 대해서는 추호도 의심이 없었기 때문이며, 자기들의 행동의 적실성에 대해서도 주저할 것이 전혀 없었기 때문이다. 그들은 오로지 예수님에 대해 이야기하고 그분을 칭송하고 그분께 감사하고 그분을 예배하는 일 외에는 할 것이 없었다. 그들은 그분의 말씀을 직접 듣고 보고 만졌기 때문이다. 그들은 눈먼 자에게 빛을, 포로된 자에게 놓임을, 압제받는 자에게 자유를 가져다주는 일 외에는 할 것이 없었다. 왜냐하면 그 자리에서 그들은 예수님을 다시 만났기 때문이다. 그들은 사람들을 새로운 공동체로 이끄는 일 외에는 할 것이 없었다. 왜냐하면 그렇게 할 때 예수님이 그들 가운데 임하실 것이기 때문이었다. 예수 그리스도야말로 그들의 진정한 생명이요 그들의 진정한 관심사요 그들의 진정한 긍휼이자 그들의 진정한 사랑이 되셨기 때문에, 삶은 곧 행동이 되었고 삶의 모든 것은 자신을 내어 주신 하나님의 크신 선물에 대한 지속적인 감사의 표현이 되었다.

이것이야말로 긍휼 어린 행동의 가장 깊은 의미다. 그것은 긍휼 어린 하나님과의 위대한 만남에 대한, 자유롭고 즐겁고 감사로 가득한 표현이다. 그리고 이것은 우리가 어떻게 해야 할지, 왜 해야 할지를 모를 때조차 열매를 맺을 것이다. 그런 행동 속에서 또 그런 행동을 통해, 우리는 모든 것이 정말로 은혜이며 우리가 보일 수 있는 유일한 반응은 감사라는 것을 깨닫는다.

결론

우리가 받은 가장 위대한 소식은 바로 하나님이 긍휼의 하나님이시라는 것이다. 순종적인 종이신 예수 그리스도 안에서, 자신의 신성에 매달리지 않으시고 자기를 비워 우리와 같이 되신 그분 안에서, 하나님은 자신의 긍휼의 충만하심을 계시하셨다. 그분은 임마누엘, 우리와 함께하는 하나님이시다. 우리가 들은 위대한 부르심은 바로 긍휼의 삶을 살라는 부르심이다. 이동을 통해 형성되어 새로운 방식의 함께함으로 나아가는 공동체 속에서, 우리는 제자가 될 수 있다. 이 세상 속에서 하나님의 임재를 드러내는 살아 있는 증거로서 말이다. 우리에게 주어진 위대한 과업은 긍휼의 길을 따라 사는 것이다. 인내의 훈련을 통해 기도와 행동을 실천하는 가운데, 제자의 삶은 진정하고 결실 있는 삶이 된다.

우리가 이 땅에 사는 한, 그리스도인으로서의 우리의 삶은 긍휼이라는 특징을 지녀야만 한다. 하지만 긍휼의 삶이 우리의 최종 목표는 아니라는 사실을 짚고 넘어가지 않은 채로 긍휼에 대한 성찰을 마무리 지어서는 안 될 것이다. 사실 우리는 긍휼이 긍휼 너머에 있는 무언가를 가리키고 있다는 것을 알 때만 긍휼의 삶을 온전히 살아 낼 수 있다. 우리는 자기를 비워 겸손하게 되신 그분이 높이 들리사 모든 이름 위에 뛰어난 이름을 얻으셨다는 사실을 알고 있다. 또한 우리는 그분이 우리를 위한 처소를 예비하기 위해 우리를 떠나셨다는 것도 알고 있다. 그 처소는 고난은 다 극복되고 더 이상 긍휼도 필요하지 않은 곳이다. 우리가 꾸준히 참고 고대하면서 소망하는 새 하늘과 새 땅이 있다. 그것은 바로 요한계시록에서 제시하는 비전이다.

> 또 내가 새 하늘과 새 땅을 보니 처음 하늘과 처음 땅이 없어졌고 바다도 다시 있지 않더라. 또 내가 보매 거룩한 성 새 예루살렘이 하나님께로부터 하늘에서 내려오니 그 준비한 것이 신부가 남편을 위하여 단장한 것 같더라. 내가 들으니 보좌에서 큰 음성이 나서 이르되 보라, 하나님의 장막이 사람들과 함께 있으매 하나님이 그들과 함께 계시리니 그들은 하나님의 백성이 되고 하나님은 친히 그들과 함께 계셔서 모든 눈물을 그 눈에서 닦아 주시니 다시

는 사망이 없고 애통하는 것이나 곡하는 것이나 아픈 것이 다시 있지 아니하리니 처음 것들이 다 지나갔음이러라. (계 21:1-4)

이것이야말로 우리의 삶을 안내하는 비전이다. 이 비전 때문에 우리는 서로의 짐을 나누어 지고, 다 같이 자기의 십자가를 지며, 좀더 나은 세상을 위해 연합한다. 이 비전은 죽음에서 좌절을 제하고 고난에서 병적인 요소를 제하여서 새로운 지평을 열어 준다. 이 비전은 정말로 미래에 있을 세상이다. 하지만 유토피아는 아니다. 미래는 이미 시작되었다. 그리고 이방인들을 환영할 때마다, 헐벗은 자들에게 옷 입혀 줄 때마다, 아픈 자들과 수감된 자들을 방문할 때마다, 압제를 극복할 때마다 미래는 드러난다. 우리는 감사로 인한 이러한 행동들을 통해서, 새 하늘과 새 땅을 처음으로 희미하게 볼 수 있다.

새 도성에서 하나님은 우리와 함께 사시겠지만, 두세 사람이 예수님의 이름으로 모인 곳에는 예수님이 이미 그 가운데 함께 계신다. 새 도성에서는 모든 눈물을 닦아 주시겠지만, 사람들이 예수님을 기념하면서 함께 떡을 떼고 포도주를 마실 때마다 긴장했던 얼굴에 미소가 번진다. 새 도성에서는 모든 피조물이 새롭게 되겠지만, 감옥의 문들이 허물어지고 빈곤이 퇴치되며 상처가 조심스럽게 보살핌받을 때마다 옛것은 더 이상 그저 옛것이 아니며 고통도 더 이상 고통이 아니다. 우리는 우리에게 약속되어 있고 우리가 소망하는 바인 새 하늘과 새 땅을 아직은 고대하며 기다리고 있지만, 그 첫 번째 표적은 믿음의 공동체, 긍휼의 하나님이 자신을 계시하시는 그 공동체 안에 이미 드러나 있다. 이것이야말로 우리 믿음의 기반이며 소망의 기초이고 사랑의 근원이다.

에필로그

이 책에 적힌 글보다도 이 책에 실려 있는 그림들이 더 많은 것을 말해 줄지도 모르겠다. 따라서 이 그림들이 탄생하기까지의 가슴 아픈 사연을 말하지 않고는 이 책을 마칠 수 없을 것 같다.

이 책을 쓰는 동안 한 가지 의문이 계속 머릿속을 맴돌았다. 그것은 우리처럼 잘 먹고 잘 입고 잘 살고 잘 보호받으며 사는 사람들이 과연 긍휼에 관한 책을 쓸 필요가 있을까 하는 것이었다. 우리가 고난이 무엇인지 안다고 주장할 수 있을까? 그리고 우리가 문자 그대로 삶이 깨어져 버린 사람들과의 결속으로 진솔하게 들어갈 수 있을까? 우리는 죄책감 때문에 무력증에 빠지지 않으려고 노력하면서 그 대신 우리의 제한된 영적 영역에서나마 가능한 한 성실하게 탐구하고자 애썼지만, 참혹한 압제 아래 무거운 짐을 지고 있는 수백만의 사람들의 괴로운 외침을 고통스러울 만큼 잘 알고 있었다. 우리는 이 책을 쓰면서 굶주림과 추위로 죽어 가고 있는 가정들에 대해서 읽고, 원주민들을 체계적으로 살상하고 있는 행태에 대해 들었으며, 세계 곳곳에서 사람들, 심지어는 어린이까지도 투옥시키고 고문하는 실상을 매일매일 접하였다. 때로 이런 소식들은 우리 마음 속에 너무도 깊이 들어와서 우리는 글쓰기를 포기하고 부끄러움에 눈물을 흘리며 숨어 버리고만 싶었다. 하지만 우리는 이런 유혹을 계속 뿌리쳤다. 우리의 글이 위선을 드러내는 것이 아니라, 이 세상 속에 있는 엄청난 불의에 맞대결해서 그것을 없애 버리는 일에 동참하고자 하는 우리의 신실한 열망의 표현이 될 것이라는 희망을 품고 말이다.

이 모든 자기 의심과 머뭇거림의 와중에서, 우리의 모호한 감정이라는 희미한 배경을 뒤로 하고 한 남자가 나타났다. 그는 마치 우리를 고발하는 듯한 세상의 대표자로 우리 앞에 드러났다. 그의 이름은 조엘 필라티가로서, 파라과이에서 가난한 사람들 중에서도 가장 가난한 사람들과 함께 살며 사역하는 의사였다. 그의 아내 니디아와 자녀들의 협조로, 그는 수도 아순시온(Asunción)에서 자동차로 두 시간 거리에 있는 이비키(Ybyqui)라는 동네에서 작은 병원을 운영하고 있었다. 사람들은 엄청나게 먼 곳에서 걸어오거나 말이 끄는 달구지를 타고 그 병원을 찾아와 여러 질병을 고쳐 달라고 하소연했다. 조엘은 자기 나라 사람들을 잘 이해하고 있었다. 그는 그들의 육체적 질병뿐만 아니라 영혼의 고통도 깊이 느꼈다. 그는 그들의 언어인 과라니어(Guarani)로 말했고, 그들의 구구한 고생담을 들어 주었으며, 마음으로 그들과 함께 고통받았다. 그는 그들의 영혼의 부르짖음을 듣는 동안 연필을 들어 그림을 그리고, 그리고, 또 그렸다. 그의 손을 통해서 충격적일 만큼 강렬한 그림들이 나타났다. 그 그림에는 파라과이 국민들의 고통이 표현되어 있었고, 그것은 성난 저항의 물결을 불러일으켰다. 조엘 필라티가는 자신의 예술을 통해서 가난한 자들을 위해 가장 거리낌 없이 말하는 옹호자요, 강압제적인 스트뢰스너(Stroessner) 정권을 가장 신랄하게 비판하는 비판자가 되었다. 그는 예술을 통해 그 나라에서 매우 유능한 의사 이상의 존재가 되었다. 그는 펜과 연필을 가지고 국경선 너머까지 외치며 이해와 지지를 호소할 수 있는 사람이 되었다.

우리는 조엘에 관한 이야기를 들으면 들을수록 긍휼이 무엇인지 점점 더 깨닫게 되었다. 긍휼은 고된 작업이다. 긍휼은 고통 중에 있는 사람들과 함께 부르짖는 것이다. 긍휼은 가난한 자들의 상처를 보살펴 주고 그들의 삶을 돌보아 주는 것이다. 긍휼은 약한 자들을 옹호하고, 그들의 인권을 침해하는 자들을 강력하게 고발하는 것이다. 긍휼은 압제받는 자들이 정의를 위해 투쟁할 때 거기에 합류하는 것이다. 긍휼은 모든 방법을 동원해서, 들을 귀가 있고 볼 눈이 있는 사람이라면 누구에게나 도움을 호소하는 것이다. 간단히 말해서, 긍휼은 우리의 친구들을 위해 우리의 삶을 내려놓는 것이다.

조엘 필라티가를 알게 된 지 얼마 지나지 않아, 우리는 그가 그러한 긍휼을 위해 치러야 했던 값비싼 희생에 대해 들었다. 1976년 3월 30일, 경찰은 열일곱 살 된 그의 아들 조엘리토를 납치했다. 조엘리토는 몇 시간 동안 고문을 받다가 그만 죽고 말았다. 널리 알려져 매우 사랑받던 아버지를 죽일 수 없었던 그들은 대신 그 아버지의 십대 아들을 참혹하게 죽이는 복수를 서슴지 않았다. 조엘과 니디아는 슬픔과 비탄에 빠졌지만, 그렇다고 해서 침묵과 은둔으로 치닫지는 않았다. 오히려 그들은 두려움 없는 저항으로써 부르짖었고, 그것도 자신들의 목숨을 내놓고 그렇게 했다. 전기 충격과 화상을 입어 뒤틀려 버린 아들의 시체에 고운 옷을 입혀서 평화롭게 보이게 하는 대신, 그들은 그 시체가 발견된 자리인 피로 얼룩진 매트리스 위에 시체를 벌거벗은 채로 뉘여 놓았다. 그리하여 그들을 위로하러 찾아온 수백 명의 사람들은 긍휼의 목소리를 잠재우려 했던 사악한 시도를 눈으로 보게 되었고, "내가 너희를…택하였기 때문에 세상이 너희를 미워하느니라"(요 15:19)는 예수님의 말씀을 상기하였다.

8월에, 그러니까 조엘리토가 죽은 지 몇 달 지나서, 우리 중한 사람이 파라과이에 있는 조엘 필라티가를 찾아가서 예수님이 우리를 긍휼로 부르신 의미에 대해 책을 쓰고 있는 우리의 노력에 동참해 달라고 부탁했다. 이 사람이라면 그것을 잘 알고 있을 것이며 또 우리가 그것을 알도록 도와줄 수 있을 것이라고 느꼈다. 조엘리토를 향한 큰 슬픔의 와중에서, 조엘은 이 책에 들어갈 그림을 그리면서 위로와 위안을 얻었다. 깊은 슬픔으로 잠못 이루는 긴긴 밤에 그는 그림을 그렸다. 정의를 구하면서 판사들과 변호사들과 함께 길고도 조마조마한 재판을 치른 후에 그는 그림을 그렸다. 그리고 몇 시간이고 운 뒤에 그는 그림을 그렸다. 하지만 그는 희망을 품고 그림을 그렸다. 자기 자신과 그의 가족과 그의 환자들과 그의 국민들을 향한 희망을 품고서. 그는 많은 사람들이 알고 회심하기를 바라서 그림을 그렸다. 그는 비싼 값을 치르고 산 긍휼의 불꽃이 수그러들지 않고 오히려 큰 불길이 되어 정의와 평화를 위해 일하고 기도하는 사람들의 마음을 따뜻하게 해 주기를 바라서 그림을 그렸다. 조엘 같은 사람들이 있기에 이런 책을 출간한 가치가 있는 것이다. 따라서 우리는 이 책을 조엘과 그의 아내에게 바친다. 그들이 그토록 사랑했던 아들 조엘리토를 기리면서.

주

1 Peregrine Worsthorne, "A Universe of Hospital Patients. Further Remarks on the British Condition", *Harpers* 251, November 1975, p. 38.
2 Karl Barth, *Church Dogmatics*, IV/I (Edinburgh: T. & T. Clark, Sons, 1956), p. 190.
3 같은 책, p. 188.
4 같은 책, p. 191.
5 같은 책, p. 201.
6 Friedrich Nietzsche, "The Anti-Christ", secs. 5, 51, in *The Portable Nietzsche*, edited and translated by Walter Kaufmann (New York: The Viking Press, 1954).
7 김지하, "금관의 예수", Chong Sun Kim and Shelly Killen, "Open the Prison Gates and Set My Soul Free", *Sojourners*, April 1979, p. 15에 인용된 것이다.
8 *Catholic Worker*, Vol. XLII, No. 7, September, 1977.

9 Joe Marino가 1978년 5월 로마에서 쓴 출간되지 않은 일기.
10 Thomas Merton, Preface to the Japanese edition of *The Seven Storey Mountain* (*Nanae No Yama*) (Tokyo: Toyo Publishing Company, 1965). Trans. by Kudo Takishi.
11 Gilbert K. Chesterton, *St. Francis of Assisi* (Garden City: Doubleday Image Books, 1957), pp. 96-97.
12 같은 책, p 101.
13 Indries Shah, *The Way of the Sufi* (New York: E. P. Dutton & Co., Inc., 1970), p. 207이하.
14 *The Complete Letters of Vincent van Gogh* (Greenwich, Conn.: New York Graphic Society), Vol. I, p. 197.
15 Dietrich Bonhoeffer, *Life Together* (New York: Harpers, 1954), p. 86. 『성도의 공동생활』(복있는사람).
16 Thomas Merton, *Contemplation in a World of Action* (Garden City: Doubleday Image Books, 1971), pp. 154-155.

옮긴이 김성녀는 연세대 영어영문학과를 졸업한 후 미국 미주리 주립 대학에서 광고언론학(석사)을 공부했고, IVP에서 수년간 사역하였다. 역서로는 다수의 성경 공부 교재와 『미디어 시대, 당신의 자녀는 안전한가?』『전도 길라잡이』『미지근한 그리스도인의 77가지 습관』『존 스토트의 복음 전도』(이상 IVP) 등이 있다.

긍휼

초판 발행_ 2002년 7월 10일
개정판 발행_ 2021년 2월 25일

지은이_ 헨리 나우웬 외
옮긴이_ 김성녀
펴낸이_ 정모세

펴낸곳_ 한국기독학생회출판부
등록번호_ 제313-2001-198호(1978. 6. 1)
주소_ 04031 서울시 마포구 동교로 156-10
대표 전화_ (02)337-2257 팩스_ (02)337-2258
영업 전화_ (02)338-2282 팩스_ 080-915-1515
홈페이지_ http://www.ivp.co.kr 이메일_ ivp@ivp.co.kr
ISBN 978-89-328-1822-1

ⓒ 한국기독학생회출판부 2002, 2021

책값은 뒤표지에 있습니다.
무단 전재와 복제를 금합니다.